Elías & Eliseo

Colombia Para Cristo

A menos que estemos dirigidos por la presencia interna del Espíritu Santo no tenemos esperanza de una heredad en Cristo, porque todos los que son guiados por el Espíritu de Dios, los tales son hijos de Dios (Romanos 8).

Como coherederos con Cristo debemos recibir el beneplácito y la promesa del Padre, y todo lo que Cristo ha recibido, incluyendo la unción del Espíritu Santo. Es por el Espíritu que tenemos dones y ministerio, sin embargo estos dan fruto a través de nosotros de acuerdo con nuestro deseo de hacer las cosas a la manera de Dios y no a la nuestra.

Por esto somos testigos de diferencias en dones y ministerios entre los hijos de Dios, porque todos vienen a madurez en su propio tiempo y de acuerdo con su disposición para llevar El Madero de Cristo. Y por esto mismo no esperamos ver que todos los hijos de Dios manifiesten el mismo poder y unción en un tiempo establecido, aunque si esperamos que todos alcancen madurez con una unción poderosa.

Es con esto en mente que nuestro ministerio se enfoca en predicar a Cristo en cada nivel de creencia y fe, siendo pacientes con los que maduran lentamente, pero moviéndonos rápidamente para suplir la necesidad de los que progresan del oír al ver por el Espíritu. Por tanto, no favorecemos un grupo o denominación sobre otro ni producimos materiales cristianos que favorezcan ningún sistema de creencia que no sea El Madero de Cristo y todo lo que se logra a través de él.

Reconocemos al Espíritu Santo como nuestra única cubierta y, por tanto, no hacemos acepción de hombres ni de organizaciones. Sin embargo, estamos listos y dispuestos a cooperar en las organizaciones donde, por el Espíritu, veamos que están ministrando con corazones puros y manos limpias, para predicar El Madero de Cristo y alcanzar la obra de Dios de salvar las almas de entre los hombres.

En Ransom Press International nuestra última misión es con el fin de perfeccionar a los santos en la obra del ministerio, para la edificación del cuerpo del Cristo; hasta que todos salgamos en unidad de la fe y del conocimiento del Hijo de Dios, en varón perfecto, a la medida de la edad cumplida del Cristo; que ya no seamos niños inconstantes, y seamos atraídos a todo viento de doctrina por maldad de hombres que engañan con astutos errores; antes siguiendo la verdad en caridad, crezcamos en todo en aquel que es la cabeza, el Cristo; del cual todo el cuerpo compuesto y bien ligado entre sí por el alimento que cada vínculo suministre, que recibe según la operación de cada miembro conforme a su medida, toma aumento de cuerpo edificándose en caridad. (Efesios 4:12–16)

ELÍAS & ELISEO

El Manto para el Pueblo de Dios

MARTÍN STENDAL

Editor de la traducción BIBLIA DEL jubileo

RANSOM PRESS INTERNATIONAL

Elías y Eliseo:
El Manto para el Pueblo de Dios

Martín Stendal

Por Ransom Press International
Russell. M. Stendal

Arte de la Carátula: *Matt Philleo*
Editores: *Donna Sundblad y Ruth Zetek*
Traducción: *Nicolás Rincón*
Diseño interior y diagramación: *Martha Cecilia Jaramillo*

Impreso en los Estados Unidos de América.
Ransom Press International
4918 Roosevelt Street
Holywood, Florida, 33021

Libro de bolsillo ISBN: 978-0-931221-80-4
Libro electrónico ISBN: 978-0-931221-79-8

Disponible en la web.

Para Preguntas o comentarios visite:
https://ransompressinternational.com/contact-us/

Para publicaciones adicionales de Martín Stendal en forma impresa, audio y video, visite: https://www.martinstendal.com

RANSOM PRESS INTERNATIONAL

Contendió

Introducción

Durante los últimos dieciséis años, prediqué casi mil mensajes espontáneos a través de la Biblia (un capítulo o algo así por mensaje) para las varias estaciones radiales que Dios ha colocado en nuestro camino para administrar y programar.[1]

Hace varios años el Señor impresionó mi espíritu para traducir al inglés por lo menos cien de estos mensajes y publicarlos. La terminación y publicación de este libro lleva el total de mensajes traducidos a noventa y nueve, con los dieciséis capítulos encontrados en este libro que provienen de mensajes radiales originales predicados ante una audiencia en vivo en el Salón de Los Héroes en la ciudad de Bogotá.

****

Las profecías bíblicas con frecuencia se superponen hasta cierto grado. Esto es verdad para la mayoría de los libros proféticos incluyendo el Apocalipsis. Para hacer que la profecía sea menos confusa; piense en estas como fotos de un acontecimiento futuro, tomadas desde diferentes ángulos. Cada una ofrece una parte de un nuevo detalle y perspectiva.

Dios usa la profecía para entregar su mensaje en múltiples niveles — a un individuo o una nación, y en algunos casos, para revelar eventos del tiempo del fin. Los ámbitos natural y espiritual están ligados como usted lo verá en este libro; mucha acción está a punto de acontecer en ambos lados del velo (1 Corintios 15:46).

Los libros de la primera mitad del Antiguo Testamento incluyen narrativa que en la superficie no parece ser abiertamente profética. Sin embargo, este libro mostrará que contiene con frecuencia sorpresas pasadas por alto, incluyendo pasajes hallados en

---

1. Puedes escuchar Radio Jubileo en: www.tustreaming.co/AUDIO/JUBILEE/. Escucha Radio Colombia Para Cristo en: www.tustreaming.co/AUDIO/CPC/.

el Primer y Segundo libro de los Reyes. Y mientras el Antiguo Testamento es fuerte con estos mensajes, por medio de este libro he estrechado el foco a porciones que pertenecen a los ministerios de Elías y Eliseo.

Por favor observe que en el segundo libro de los Reyes, capítulos 3–10, indudablemente los superpone hasta cierto punto y presenta diferentes facetas de la misma verdad desde diferentes ángulos. Puede ser confuso pensar de esto proféticamente como una cronología directa. Además, los años que los diferentes reyes de Israel y de Judá estuvieron en el poder, algunas veces parecen un poco disparejo. Tenga en cuenta que, particularmente con Judá, el Rey David estableció un precedente cuando proclamó a Salomón rey **antes** de su muerte. Esto pudo haber sucedido también en la transición de Josafat a Jeroboam (así como otros). De modo semejante, las fechas para los reinos de los reyes es con frecuencia más o menos un año por razones tales como contar el primero y último años como años completos, incluso si el rey reinaba por menos de doce meses. Entonces, si usted añade el total de años de los reyes de Israel y compara esto con el total de los reyes de Judá, las dos sumas no son las mismas debido a tales factores.

Es sorprendente que los espectaculares ministerios proféticos de Elías y Eliseo tuvieron lugar en medio de los reinados apóstatas de Israel y no en Judá. Elías solo es mencionado una vez en el libro de 2 Crónicas (que probablemente fue escrito por los escribas y sacerdotes en el templo en Jerusalén).

Sin embargo, esto ocurre en el tiempo más oscuro y corrupto en la historia en que los profetas de Dios brillaron en verdad. Y es notable cuánto amor, misericordia, y oportunidad milagrosa Dios derramó sobre los reyes malvados y un pueblo apóstata que abusó de su nombre. En el centro de todo esto, encontramos los ministerios de Elías y Eliseo. Esto inspira esperanza para la situación actual del pueblo de Dios, mientras estamos en medio de una hora muy oscura y corrupta también.

El juicio de Dios está a punto de caer sobre Israel y la iglesia de una manera similar a lo que le sucedió en Israel a Jezabel y los adoradores de Baal y la casa de Acab, en los días de Elías y Eliseo. La cizaña está a punto de ser quitada del trigo (Mateo 13:30, 38).

El relato escrito en Primera y Segunda de Reyes está ahí para nuestro beneficio y amonestación.

> Y estas cosas les acontecieron como figura; y están escritas para nuestra amonestación, en quien los fines de los siglos ha parado. (1 Corintios 10:11)

Verdaderamente un nuevo día en Dios está delante de nosotros: Para aquellos cuyos corazones son puros este nuevo día traerá una oportunidad para alcanzar una doble medida del infalible amor de Dios, incluso para con nuestros peores enemigos. Yo soy testigo del poder victorioso del amor de Dios. Una y otra vez, no solo he sido librado milagrosamente de mis enemigos, sino que además han venido para estar en paz conmigo (Proverbios 16:7).

He podido permanecer firme y prevalecer indemne en medio de todo tipo de prueba y adversidad imaginable. De lo que he sido testigo y he experimentado me convence más que nunca que el mensaje de este libro es verdadero; estamos en medio del cumplimiento profético de la historia de Elías y Eliseo.

> La caridad (el amor de Dios) nunca se pierde; mas las profecías se han de acabar, y cesarán las lenguas, y la ciencia ha de acabar; porque en parte conocemos, y en parte profetizamos;
>
> mas cuando venga lo que es perfecto, entonces lo que es en parte será quitado. Cuando yo era niño, hablaba como niño, pensaba como niño, sabía como niño, mas cuando ya soy hombre hecho, quité lo que era de niño.
>
> Ahora vemos como por espejo, en oscuridad; mas entonces veremos cara a cara; ahora conozco en parte; mas entonces conoceré como soy conocido.
>
> Mas ahora permanecen la fe, la esperanza, y la caridad, estas tres cosas; pero la mayor de ellas es la caridad. (1 Corintios 13:8–13)

Parte I

La edad de la Iglesia está cerrándose

Capítulo Uno

Apostasía de los reyes y la Iglesia

En el primer libro de los Reyes, capítulo 16, se describe un período de doce años de prosperidad, de las intrigas del palacio, y una apostasía cada vez mayor en el reino del norte (de Israel). En este tiempo, Judá también experimentó decadencia y corrupción pero en menor grado. Este tipo de ambiente que se relaciona con el poder, las oportunidades, y la prosperidad, acelera los efectos de la corrupción como la levadura en un bulto de masa.

En cierto modo, es un paralelo a la historia de la iglesia, como también la trayectoria de los Estados Unidos con los muchos intentos de Dios a lo largo de toda la historia humana de tener un pueblo "limpio".

Aquellos que fundaron los Estados Unidos, buscaron la libertad para seguir al Señor de acuerdo a la conciencia. Ellos encontraron la libertad junto con la adversidad, y en la historia de nuestra nación hubo por lo menos tres veces cuando Dios tocó a toda la nación. Durante este Gran Despertar, se estima que más de la mitad de la población de los Estados Unidos se convirtió de costa a costa.

Al igual que con Israel, como vemos en el primer libro de los Reyes, nuestra nación no ha estado realmente caminando bien con Dios por los menos en cuatro generaciones, mientras que los efectos de la corrupción continúan aumentando en una progresión geométrica. Algo maligno está pasando en Norteamérica que es diferente a los problemas que tiene Colombia y muchas otras partes del mundo. América tiene un pueblo que no quiere saber nada acerca de Dios. De hecho, ellos desean eliminar a cualquiera que mencione a Dios. Su objetivo es perseguir y extinguir incluso la memoria de Dios (Romanos 1:19–32).

Culturalmente Israel y más tarde Judá estaban en un lugar similar. Ellos alcanzaron el punto que incluso, si sucedía que tuvieran un "buen" rey, él no podía (o no quería) vencer la cultura demoníaca que estaba siendo impuesta. Por ejemplo, cuando el buen rey Asa de Judá, estaba bajo la presión de Baasa, el rey de Israel, él no buscó al Señor con todo su corazón. En vez de eso, tomó dinero de la casa del Señor y contrató a un enemigo — el rey Ben-adad, de Siria para atacar a Israel (1 Reyes 15:18–22). ¿Por qué? Porque su visión y su fe (incluso con un buen corazón) eran muy débiles. Él ya no creía que podría enfrentar las cosas en el nombre del Señor. Como resultado, ni siquiera preguntó: ¿Qué piensa Dios?

Me parece que en el mundo de hoy, tenemos muchas personas como esta. Ellos buscan soluciones a los problemas que ven, e incluso reclaman creer en Dios, pero en realidad, no tienen mucha fe.

Esto es en un entorno similar de oscuridad espiritual casi total que llegamos al rey Acab de Israel,

> *quien hizo lo malo ante los ojos del SEÑOR más que todos los que fueron antes de él; … y tomó por mujer a Jezabel hija de Etbaal rey de los sidonios, y fue y sirvió a Baal, y lo adoró.* (1 Reyes 16:30–31)

Baal es el dios de la prosperidad de este mundo. Este es el principal problema hoy en día, dentro de la Iglesia y en los Estados Unidos, con muchos ansiosos de tener sus oídos encantados con el "evangelio de la prosperidad".

1 Reyes 17

> [1] *Entonces Elías tisbita, que era de los moradores de Galaad, dijo a Acab: Vive el SEÑOR Dios de Israel, delante del cual estoy, que no habrá lluvia ni rocío en estos años, sino por mi palabra.*

Elías salió aparentemente de la nada y sin genealogía. No sabemos de sus antecedentes y de su formación. Por causa de esta falta de credenciales, Acab pudo no haberlo tomado en serio al principio.

Muy pronto, sin embargo, Elías tuvo toda la atención concentrada de Acab.

Observe que el juicio que él proclamó no se trataba de horas, días, semanas, o meses. Este fue un juicio de años:

> *... Vive el SEÑOR Dios de Israel, delante del cual estoy, que no habrá lluvia ni rocío en estos años, sino por mi palabra.* (v. 1)

Esta no fue la primera vez que Dios trató con la humanidad de esta forma. Piense en Adán y Eva. Ellos perdieron su posición delante de Dios y fueron expulsados de su presencia, y la humanidad ha estado viviendo en este trágico estado durante los últimos seis mil años. En el momento cuando Elías entregó a Acab la profecía de Dios, que en Israel (el pueblo de Dios) era tan seria la apostasía de generaciones anteriores que el reino del norte resultaría en su perdición.

En 1 Reyes vemos una voz profética que aparece abruptamente en la escena, una voz enviada desde la directa presencia de Dios.

Este versículo ofrece un ejemplo del aspecto multifacético de la profecía que mencioné en la introducción de este libro. Esto no solo se aplica a lo que estaba sucediendo en Israel en ese momento, sino que también es profético con relación a eventos futuros (Malaquías 4:5; Lucas 1:17) relacionados con la primera y la segunda venida de Jesucristo.

Israel había ido de mal en peor hasta que Elías, a quien el SEÑOR delegó, confrontó al rey más malvado que ellos habían tenido. Después que Elías le dijo la advertencia de Dios que no habría lluvia ni rocío hasta que Dios diera la palabra, él desapareció de la vista del rey y de todos los demás.

Los cielos fueron cerrados durante tres años y seis meses de acuerdo a la palabra que él pronunció, mientras él permaneció firme, aunque fue menospreciado en Israel (Lucas 4:24–25).

En las Escrituras, la palabra de un verdadero profeta siempre permanece firme, a diferencia de muchos que presumen ser profetas entre el pueblo de Dios hoy, y *afirman* que un gran porcentaje de sus profecías se hacen realidad. Aquellos que escriben horóscopos en los periódicos también pueden reclamar un grado similar de precisión. La realidad es que las Escrituras dicen que un verdadero profeta de Dios debe ser cien por ciento exacto. Ni una palabra puede fallar (Deuteronomio 18:20–22). Este fue el caso con Moisés, Samuel, Elías y con el Señor Jesús. *Porque el testimonio de Jesús es el espíritu de profecía* (Apocalipsis 19:10). Los verdaderos profetas pueden llegar a ser muy odiados.

Elías fue enviado por Dios, aparentemente de la nada en la hora más oscura del tiempo de Israel. Él no fue indirecto. Su mensaje no era superficial. Observe una vez más el mensaje que él entregó:

> … Vive el SEÑOR Dios de Israel, delante del cual estoy, que no habrá lluvia ni rocío en estos años, sino por mi palabra. (v. 1)

Rocío y lluvia, representan la Palabra y la revelación del Señor en las Escrituras.

> He aquí vienen días, dijo el Señor DIOS, en los cuales enviaré hambre a la tierra, no hambre de pan, ni sed de agua, sino de oír la palabra del SEÑOR.
>
> E irán errantes de mar a mar; desde el norte hasta el oriente discurrirán buscando palabra del SEÑOR, y no la hallarán. (Amós 8:11–12)

1 Reyes 17

> 2 Y vino a él palabra del SEÑOR, diciendo:
>
> 3 Apártate de aquí, y vuélvete al oriente, y escóndete en el arroyo de Querit, que está delante del Jordán;
>
> 4 y beberás del arroyo; y yo he mandado a los cuervos que te den allí de comer.

¿Es el curvo un ave limpia? No, es impura y carroñera.

> 5 Y él fue, e hizo conforme a la palabra del SEÑOR; pues se fue y se asentó junto al arroyo de Querit, que está delante del Jordán.
>
> 6 Y los cuervos le traían pan y carne por la mañana, y pan y carne por la tarde; y bebía del arroyo.

¿Dónde conseguían los cuervos el pan y la carne?

> 7 Pasados algunos días, se secó el arroyo; porque no había llovido sobre la tierra.
>
> 8 Y vino a él palabra del SEÑOR, diciendo:
>
> 9a Levántate, vete a Sarepta de Sidón, y allí morarás;...

Dios envió a Elías fuera de la Tierra Prometida. Sarepta significa "lugar de refinamiento".

> 9b ... he aquí yo he mandado allí a una mujer viuda que te sustente.

Esta mujer no era Israelita, ella era de Sidón, que significa "pescar".

> 10 Entonces él se levantó, y se fue a Sarepta. Y cuando llegó a la puerta de la ciudad, he aquí una mujer viuda que estaba allí cogiendo leña; y él la llamó, y le dijo: Te ruego que me traigas un poco de agua en un vaso, para que beba.
>
> 11 Y yendo ella para traérselo, él la volvió a llamar, y le dijo: Te ruego que me traigas también un bocado de pan en tu mano.
>
> 12 Y ella respondió: Vive el SEÑOR Dios tuyo, que no tengo pan cocido; solamente un puñado de harina tengo en el cántaro, y un poco de aceite en una vasija; y ahora recogía dos leños, para entrar y aderezarlo para mí y para mi hijo, y que lo comamos, y después nos muramos.
>
> 13 Y Elías le dijo: No tengas temor; ve, haz como has dicho; pero hazme a mí primero de ello un pequeño pan cocido debajo de la ceniza, y tráemelo; y después harás para ti y para tu hijo.
>
> 14 Porque el SEÑOR Dios de Israel dijo así: El cántaro de la harina no faltará, ni se disminuirá la vasija del aceite, hasta aquel día que el SEÑOR dará lluvia sobre la faz de la tierra.
>
> 15 Entonces ella fue, e hizo como le dijo Elías; y comió el, y ella y su casa, muchos días.
>
> 16 Y el cántaro de la harina no escaseó, ni menguó la vasija del aceite, conforme a la palabra del SEÑOR que había dicho por Elías.

Él hizo todo esto en la casa de una viuda pagana que sustentó al profeta Elías, hasta que el Señor envió lluvia sobre la tierra. Para muchos de nosotros, el Señor ha colocado estratégicamente a alguien en nuestras vidas para sustentarnos en una manera similar cuando no hemos tenido nada o parecíamos débiles. Dios le proveyó a través de esta viuda. Ella suplió la necesidad de Elías; de acuerdo a la palabra del Señor en un tiempo en la historia cuando la bendición no se suponía que fuera para los Gentiles. Esto sería como usar a un no-cristiano hoy.

Muchos nos dicen que este no es el tiempo correcto o que tampoco es la dispensación para que Dios actúe; pero el profeta Hageo profetizó que el tiempo correcto es cuando el Señor lo dice (Hageo 1:2–11). Pablo le escribió a Timoteo y lo animó a estar preparado a tiempo y fuera de tiempo. ¿Por qué? Porque incluso si este no es el tiempo correcto para otros, este sí puede ser el tiempo preciso para nosotros.

Cuando se nos ha dicho que este no es el tiempo correcto para que Dios nos use, o no estamos en la dispensación correcta, que debemos esperar, o que Dios usó personas en el pasado y hará cosas maravillosas en el futuro, pero que ahora no es el momento adecuado, debemos recordar siempre esto: el tiempo correcto es cuando Dios dice.

La viuda indefensa y hambrienta fue la provisión de Dios para Elías. Dios movió al profeta y al mismo tiempo preparó a la viuda. Entonces, las cosas se pusieron aún más interesantes:

> 17 Después de estas cosas aconteció que cayó enfermo el hijo de la señora de la casa, y la enfermedad fue tan grave, que no quedó en él aliento.
>
> 18 Y ella dijo a Elías: ¿Qué tengo yo contigo, varón de Dios? ¿Has venido a mí para traer en memoria mis iniquidades, y para hacerme morir mi hijo?
>
> 19 Y él le dijo: Dame acá tu hijo. Entonces él lo tomó de su regazo, y lo llevó a la cámara donde él estaba, y lo puso sobre su cama;

> 20 y clamando al SEÑOR, dijo: SEÑOR Dios mío ¿aun a la viuda en cuya casa yo estoy hospedado has afligido, matándole su hijo?
>
> 21 Y se midió sobre el niño tres veces, y clamó al Señor, y dijo: SEÑOR Dios mío, te ruego que vuelva el alma de este niño a sus entrañas.
>
> 22 Y el SEÑOR oyó la voz de Elías, y el alma del niño volvió a sus entrañas, y revivió.
>
> 23 Tomando luego Elías al niño, lo trajo de la cámara a la casa, y lo dio a su madre, y le dijo Elías: Mira, tu hijo vive.
>
> 24 Entonces la mujer dijo a Elías: Ahora conozco que tú eres varón de Dios, y que la palabra del SEÑOR es verdad en tu boca.

Los sacerdotes en el templo tenían mucho cuidado para proteger sus cosas santas. Si algo inmundo tocare alguna de estas cosas, quedaban contaminadas. Aun sus ofrendas, sus sacrificios, y las carnes que eran ofrecidas a Dios, llegaba a estar inmundas si algo inmundo los tocare (Hageo 2:13). Este es el caso con todo lo relacionado a la religión de los hombres. Todo puede llegar a estar fácilmente contaminado.

Dios comenzó algo nuevo con Elías, que tenía la posibilidad de aumentar y extenderse. Elías le dio lugar a Eliseo, y Eliseo deseó y descubrió cómo recibir una doble medida de lo que Elías tenía. Elías y Eliseo son ejemplos para todos nosotros, pero esto no es nada en comparación con nuestro Señor Jesús quien no está limitado a una doble medida. Él tiene recursos sin límites y unción ilimitada. Ahora mismo, él está sentado a la diestra del Padre con toda autoridad, con todo poder y sin límites.

Cualquier cosa que toque, no importa que tan inmundo o contaminado se vea, no importa que tan muerto esté, puede revivirlo y hacerlo vivir. Cuando él coloca su mano sobre alguien, él puede dejar limpia y viva a esa persona, aunque al principio ellos estaban muertos e inmundos.

Estamos muy cerca de un punto de inflexión espiritual en la historia, y con el objetivo de ir donde sea necesario, necesitamos un encuentro directo con la vida de Dios. Dios tiene un nuevo día en el horizonte. El día del hombre se ha movido de mal a peor. Toda clase de intrigas de poder y de corrupción se han entremezclado entre el pueblo de Dios; la corrupción continuará creciendo y contaminándose, hasta que sea confrontado con la vida de Dios.

El profeta Elías no solamente detuvo la bendición (lluvia) de Dios sobre el sistema religioso pervertido de su día, sino que también comenzó con algo nuevo; algo iniciado por Dios. Los paralelos para nuestro día y edad actual son increíblemente emocionantes. Muy poco acerca de Elías estaba limpio de acuerdo a la religión establecida de Israel. Piense acerca de esto. Primero, los cuervos inmundos lo alimentaron, y luego una viuda gentil lo sustentó.

De acuerdo a la ley, nada acerca de él era limpio. Pero lo que hizo que todo esto fuera limpio y aceptable para Dios (cuervos, viuda gentil, vestido de pelo de camello, alimento inmundo, etc.), fue la genuina vida de Dios dentro de Elías. Él vivió verdaderamente en la presencia de Dios. Elías tenía algo que otros no tenían, el acceso directo a Dios.

Cuando Dios declara a alguien limpio, realmente es limpio (Hechos 10:15). La viuda gentil en realidad dijo: ... *Ahora conozco que tú eres varón de Dios, y que la palabra del SEÑOR es verdad en tu boca* (v. 24).

Cuando Jesús pasó por un cortejo fúnebre, él se acercó y tocó el féretro, y el muchacho regresó a la vida (Lucas 7:12–15). Tocar a los muertos era impensable para los judíos. Si tocaban un cadáver, esto los hacía inmundos y requerían un largo y complicado proceso con el fin de volver a estar limpios.

Me he encontrado judíos "mesiánicos" que rehúsan incluso considerar que Jesús haría tal cosa, porque les falta la fe y la visión para comprender lo que Jesús mostró con su ejemplo.

En vez de eso, ellos piensan que el relato del evangelio está con un error; que Jesús, como un judío piadoso, nunca hubiera contemplado tocar un cadáver o un leproso.

Cuando Jesús tocó el cadáver, en lugar de que se volviera impuro, el cadáver resucitó; esta es una señal que indicaba quién era él, y que su palabra es verdadera.

Cuando Elías revivió al hijo de la viuda pagana, la mujer no estaba interesada en las reglas o etiquetas religiosas. En cambio, cuando su hijo volvió a la vida, era una prueba infalible que tenía un hombre genuino de Dios bajo su techo, y la Palabra del SEÑOR en su boca era verdadera.

En nuestra cultura actual, tenemos una esfera religiosa donde todo lo que toca la vida del hombre natural se contamina, es inmundo y muerto; un lugar entre los hijos de Adán, que se encuentra vacío de la vida de Dios. Muchos dan una falsa impresión de ser religiosos y pretender que tienen algo: se visten de cierta manera, hablan con vocabulario religioso, y asisten a ceremonias solemnes. Algunos tienen edificios espectaculares y música hermosa. Muchos viven como si fuera aceptable ser religioso en la parte externa, mientras están viviendo un estilo de vida de pecado oculto.

La realidad es que ellos no pueden en verdad limpiar nada con tales acciones. Jesús comparó a estas personas como sepulcros blanqueados, hermosos por fuera mientras están podridos y corruptos por dentro. Todo lo que tocan se contamina, no solo en la iglesia y la religión. Todo lo que es tocado por el hombre natural en el ámbito económico o lo concerniente con el gobierno y la sociedad en general está corrompido. Todo esto continuará en su curso actual de desastre hasta que sea confrontado por la verdadera presencia de Dios.

Dios desea colocar su presencia ***en*** nosotros. Él desea revelar una compañía de los Elías para el fin de los tiempos, para que la unción de Elías llegue a ser la doble medida de Eliseo y por medio de todo esto nos introduzca al reino ilimitado de Jesucristo, hasta que Cristo se convierta en el todo, y en todos (Colosenses 3:10-11).

Elías significa: "el SEÑOR es Dios". Eliseo significa: *"Dios de (el) que viene"*.

Juan el Bautista es tipificado con Elías (Mateo 11:14). Eliseo es tipificado con El que viene (Jesucristo). Las Escrituras indican que los eventos del tiempo del fin, serán *como fue en los días de Noé* (Lucas 17:26), lo que nos lleva a la pregunta: ¿Qué estaba sucediendo en los días de Noé?

Esos días eran de hecho, muy similares a la descripción de lo que estaba aconteciendo en Israel, en 1 Reyes 15 y 16 y además, es paralelo a lo que está ocurriendo actualmente en lugares como Bogotá, Miami, y otros sitios por todo el mundo entero. La corrupción empeorará hasta que sea confrontada con la vida del Señor, es la vida que él desea colocar en personas como nosotros, dentro de aquellos que corporalmente forman el cuerpo de Cristo.

Si estamos en un cruce de caminos, en un momento decisivo en la historia, cuando Dios desea efectuar un mayor cambio, podemos verlo con más claridad en los días que tengamos por delante, mientras miramos atrás. Los indicadores muestran que estamos acercándonos rápidamente a un momento histórico en el cual el Señor colocará un pequeño remanente para estar en pie y confrontar la corrupción actual. Este remanente puede incluir a algunos de nosotros.

Las Escrituras no indican que Elías tuviera alguna formación, experiencia o educación impresionante o que fuera un líder conocido. Nada de eso. Todo lo que sabemos con certeza es su nombre: Elías el Tisbita (que significa extranjero), quien era uno de los moradores de Galaad (significa *monte del testimonio).*

Elías no se promovió por iniciativa propia. Una interpretación alterna del nombre Elías es *"Dios Mismo"*. Elías decía que él permanecía delante del SEÑOR. Él tenía acceso a la presencia de Dios. Esto supera todo lo demás.

Lo que hacemos y decimos por nuestra propia voluntad no tendrá ningún efecto tangible sobre el mundo enloquecido y enfurecido que nos rodea a nosotros. Con el propósito de combatir la corrupción, hace falta alguien que esté limpio a los ojos de Dios y que haga y diga solo lo que Dios quiere. Jesús dijo que no es necesario que nos preparemos por adelantado de lo que vamos a decir. Él promete darnos las palabras correctas y en el momento apropiado (Mateo 10:19).

Cuando el Señor decida que sea el momento adecuado, algunos de nosotros estaremos involucrados en una colisión frontal con el sistema corrupto de este mundo. Las Escrituras indican que el día del SEÑOR empezará con tristeza y oscuridad. Al principio, las cosas parecerán por completo sin esperanza, pero más tarde habrá luz.

La primera vez que regresé a USA después de los atentados del 11 de septiembre, me asombró toda la seguridad en los aeropuertos y las fronteras. Todos estos intentos exhaustivos fueron hechos para mantener fuera a los terroristas potenciales; pero mirando esto desde un punto vista espiritual, ya hemos sido invadidos por los enemigos demoníacos.

Solo queda un pequeño remanente de personas llenas de la presencia de Dios. La situación está muy pesada, y estamos gastando enormes sumas de dinero en seguridad y defensa en el ámbito natural, mientras que nuestras defensas espirituales se abrieron casi por completo con una brecha.

El problema más serio que enfrentamos en Colombia no es la guerrilla, los paramilitares, los narcos o incluso los delincuentes comunes. El verdadero problema en Colombia está centrado en cada corazón corrupto, ya sea que se encuentre en niños escolares, estudiantes universitarios, políticos o cualquier otra persona.

El triste hecho es que el verdadero problema está centrado en los corazones de casi todo el mundo.

Mientras busquemos solucionar el problema en cualquier lugar, aparte de nuestros corazones, continuaremos en derrota. Necesitamos entender que la primera prioridad a lo que el Señor se refiere, es en cuanto a limpiar nuestros corazones.

Dios puede usar a aquellos con un corazón limpio como él desee. Ser usado por Dios no es difícil. No se requiere un diploma o grado, ni nuestra edad limita nuestra efectividad para Dios. Pablo le recordaba esto a Timoteo cuando le dijo:

> Ninguno tenga en poco tu juventud; más sé ejemplo de los fieles en palabra, en conversación, en caridad, en espíritu, en fe, en limpieza. (1 Timoteo 4:12)

Dios está por hacer cosas que nadie ha visto antes para usar personas, y que a los ojos de muchos, nunca llegarían a ser algo. Cuando él decidió sacudir las cosas en Israel, trajo a alguien a escena que ninguno conocía algo acerca de él; un personaje que vivió en una remota montaña (localizada afuera de las fronteras de su reino).

Este hombre anunciaba las únicas credenciales que necesitaba. Como consecuencia de llevarlo a cabo, él decía: "vengo de la presencia de Dios".

Ellos nunca habían visto a Elías, hasta el día que estuvo en pie delante del rey Acab en medio de la peor confusión de maldad en la historia de la nación de Israel y anunció:

> ... *Vive el SEÑOR Dios de Israel, delante del cual estoy, que no habrá lluvia ni rocío en estos años, sino por mi palabra.* (v. 1)

En el Nuevo Testamento, aprendemos de Elías que era un hombre como nosotros. Él rogó en oración y Dios lo escuchó. (Santiago 5:17)

Elías no tuvo que levantar su voz o incluso hablar repetitivamente. Cuando leo esto, ¿sabe lo que pienso? Pienso que muchas, muchas personas oran hoy, como si no estuvieran siendo escuchadas. Con numerosas y repetitivas reuniones de oración, Dios no parece responder en la forma que él constantemente le respondía a Elías. De hecho, muchas reuniones de oración de hoy tienen mucho en común con los profetas de Baal.

Jesús dijo que los limpios de corazón, verán a Dios (Mateo 5:8). Un limpio de corazón triunfa sobre la religiosidad todo el tiempo. El limpio de corazón estará íntimamente involucrado con Dios mientras él le revela sus planes especiales. Sí en el momento de la oportunidad rehusamos recibir su Palabra y no le permitimos a él despertar su Espíritu en nosotros, entonces la oportunidad no será para nosotros; será para otros. Estoy convencido de que nos encontramos en el umbral de una gran oportunidad. Aún si estoy equivocado acerca de los eventos de los tiempos del fin, si usted sigue el consejo que ofrezco en este libro, este le servirá para bien.

Si le permitimos al SEÑOR limpiar nuestros corazones, vendrá el momento cuando Dios obrará a través de nosotros de manera que para otros puede parecer fuera de base o aún locas. Sin embargo, si usted le permite a Dios que lo limpie, él lo usará. Esto fue lo que sucedió con Elías, alguien que parecía insignificante en la tierra; una persona común y corriente como cualquiera de nosotros.

Oremos:

Señor, te pedimos que este ejemplo pueda ser claro; que podamos entender que tu vida y lo que tú consideras limpio es muy diferente de lo que se enseña en la religión de los hombres.

Que podamos entender la importancia de tener corazones limpios, de modo que podamos tener una visión ilimitada para ir adelante dondequiera que tú nos envíe. Amén.

Capítulo Dos

El altar y el evangelio

1 Reyes 18

> [1] Pasados muchos días, vino la palabra del SEÑOR a Elías en el tercer año, diciendo: Ve, muéstrate a Acab, y yo daré lluvia sobre la faz de la tierra.

Muchas referencias al tercer día o tercer año pueden encontrarse en las Escrituras. Por ejemplo, Jesús dijo que resucitaría al tercer día. El número tres se refiere a vida, resurrección y restauración. La Palabra del SEÑOR vino a Elías en el tercer año de una tremenda sequía. Con eso en mente, consideremos lo siguiente:

Estamos actualmente entrando al tercer milenio (o tercer día profético) desde la primera venida del Señor Jesús. Nuestra situación no ha sido tan maravillosa hasta ahora. Todavía tenemos numerosas personas adorando a Dios y al dios de la prosperidad del mundo (Baal) al mismo tiempo. Ellos buscan su propio placer y tratan de mantener a Dios contento al mismo tiempo. Esto refleja la situación que tuvo lugar en los días de Elías y Acab.

> [2] Fue, pues, Elías a mostrarse a Acab; y había gran hambre en Samaria.

Recuerde que ni siquiera una gota de lluvia o rocío había caído en años.

De la misma forma la iglesia ha languidecido en una sequía espiritual por muy largo tiempo. Los historiadores miran todo lo que sucedió en la iglesia primitiva y tratan de explicar la impotencia de la iglesia moderna diciendo que las condiciones eran muy diferentes en aquel entonces. ¡Algunos teólogos piensan que nosotros hemos experimentado el silencio de Dios desde la muerte de los apóstoles del primer siglo! Otros que han mezclado el evangelio de la prosperidad, el evangelio de Baal — con el evangelio de Jesucristo están en medio de una oleada de actividad aparentemente sobrenatural. Esto nos recuerda una vez más reconsiderar la profecía de Amós que habla acerca de *hambre en la tierra, no hambre de pan, ni sed de agua, sino de oír la palabra del SEÑOR* (Amós 8:11).

Muchos hoy inventan su propia palabra de fe. Otros se unen con una persona, organización, o movimiento en vez del Señor. Los que escuchan directamente del Señor son escasos. Incluso para aquellos que tienen el privilegio de asistir a reuniones donde el predicador oye de Dios, la bendición es limitada. A menos que cada persona escuche directamente del Señor, ellos no recibirán la gracia para cumplir la voluntad de Dios.

> 3 Y Acab llamó a Abdías su mayordomo. (El cual Abdías era en gran manera temeroso del SEÑOR;
> 4 porque cuando Jezabel talaba los profetas del SEÑOR, Abdías tomó cien profetas, los cuales escondió de cincuenta en cincuenta por cuevas, y los sustentó con pan y agua.)

Abdías (siervo o adorador del SEÑOR) temía al Señor, pero no tenía contacto directo con él, Elías de otra parte, no solo temía al Señor, sino que además tenía contacto directo con el Señor; una gran diferencia.

> 5 Y dijo Acab a Abdías: Ve por la tierra a todas las fuentes de aguas, y a todos los arroyos; si a dicha hallaremos grama con que conservemos la vida a los caballos y a las mulas, para que no nos quedemos sin bestias.

Deuteronomio 17:16 advierte que los Reyes de Israel no debían multiplicar caballos para ellos mismos. Salomón y otros se rebelaron contra esta directiva, y las consecuencias llevaron a la severa hambre de los días de Elías. Y observe que, aunque el pueblo estaba en peligro de inanición, la primera prioridad en la mente de Acab era no perder todas sus bestias.

En las Escrituras, *bestias* puede ser simbólico de los seres humanos que caminan de acuerdo a la carne. Acab significa "hermano de padre" (tío) quería creer en Dios, pero también quería buscar todo lo que el mundo tenía que ofrecer. Hoy llamamos a tales personas, cristianos carnales. De hecho, por esto es que Acab se casó con Jezabel y le permitió conservar todos esos falsos profetas.

¡Los verdaderos profetas eran extremadamente escasos, pero también el pasto verde! Las bestias de Acab estaban en peligro de inanición. Espiritualmente esto significa que el hambre era tan grande que estaba interfiriendo con la habilidad de Acab para ir tras de la carne. La misma escena del tiempo del fin está también descrita en Apocalipsis 8:7 cuando la primera trompeta es tocada y toda la hierba verde es destruida.

> 6 Y partieron entre sí la tierra para recorrerlo; Acab fue de por sí por un camino, y Abdías fue separadamente por otro.
>
> 7 Y yendo Abdías por el camino, se encontró con Elías; y cuando lo reconoció, se postró sobre su rostro, y dijo: ¿No eres tú mi señor Elías?
>
> 8 Y él respondió: Yo soy; ve, di a tu amo: He aquí Elías. {Heb. El SEÑOR es Dios}.
>
> 9 Pero él dijo: ¿En qué he pecado, para que tú entregues tu siervo en mano de Acab para que me mate?

Cuando Abdías se encontró con Elías por el camino, él temía que Elías desapareciera y que Acab lo mataría por no arrestar al profeta. Por muchos años, nadie tenía mucho cuidado por los verdaderos profetas de Dios. Abdías había escondido dos grupos de cincuenta profetas perseguidos en cuevas. Cincuenta es el número que representa el Pentecostés, y la Fiesta de Pentecostés es representativa de la edad de la iglesia en los dos últimos días proféticos (mil años por un día, 2 Pedro 3:8) en medio de la severa hambre espiritual. A través de todo este tiempo, muchos siervos del SEÑOR, como Abdías, han tenido temor del Señor, pero les falta la relación personal directa y la comunión íntima con Dios, el Padre. Abdías continuó:

> 10 Vive el SEÑOR tu Dios, que no ha habido nación ni reino donde mi señor no haya enviado a buscarte; y respondiendo

> todos: No está aquí, él ha conjurado a reinos y naciones si te han hallado.
>
> 11 ¿Y ahora tú dices: Ve, di a tu amo: ¿He aquí Elías?
>
> 12 Y acontecerá que, luego que yo me haya separado de ti, el Espíritu del SEÑOR te llevará donde yo no sepa; y viniendo yo, y dando las nuevas a Acab, y no hallándote el, me matará; y tu siervo teme al SEÑOR desde su juventud.
>
> 13 ¿No ha sido dicho a mi señor lo que hice, cuando Jezabel mataba a los profetas del SEÑOR; que escondí de los profetas del SEÑOR cien varones de cincuenta en cincuenta en cuevas, y los mantuve a pan y agua?

Este tipo de acción ha ocurrido durante gran parte de toda la historia de la iglesia con profetas verdaderos siendo exterminados por Jezabel y sus falsos profetas. En muchas ocasiones, los verdaderos profetas han sido "escondidos" y les han dado "pan y agua". En el caso de Abdías, él pensó que esconder a los profetas era una gran realización, mientras él también sirvió y cuidó a Acab y a todos los caprichos de Jezabel.

> 14 ¿Y ahora dices tú: Ve, di a tu amo: He aquí Elías; para que él me mate?

Observe que Abdías también quería proteger su propia vida. Él era el gobernador del palacio en Israel, que se suponía era el pueblo de Dios. Y sí, él temía al Señor y *secretamente* ayudaba a los profetas de Dios, pero él ni siquiera estaba dispuesto a contradecir a Acab, mucho menos a Jezabel.

¿Cuántas veces hemos visto líderes de grandes grupos religiosos que hacen más o menos como a ellos les plazca, pisoteando al verdadero pueblo de Dios? En estas congregaciones, administradores o asistentes que verdaderamente temen a Dios con frecuencia se preocupan por las consecuencias si tuvieran que contradecir a los líderes. Aquellos como Abdías, piensan que están haciendo un gran servicio a Dios, ayudando a mantener unos pocos verdaderos profetas de Dios con pan y agua en alguna cueva escondida en el campo misionero.

> [15] Y le dijo Elías: Vive el SEÑOR de los ejércitos, delante del cual estoy, que hoy me mostraré a él.

¿Por qué Elías decidió mostrarse a Acab en este día? Porque este era el tiempo de Dios.

Históricamente estamos llegando al momento en el tiempo cuando Dios confrontará a aquellos que se han puesto como reyes sobre el pueblo de Dios.

No creo que Dios usará un solo individuo para esta tarea. Él ha preparado un ejército entero, una compañía de Elías, si usted quiere.

> [16] Entonces Abdías fue a encontrarse con Acab, y le dio el aviso; y Acab vino a recibir a Elías.
>
> [17] Y cuando Acab vio a Elías, le dijo Acab: ¿Eres tú el que turbas a Israel?
>
> [18] Y él respondió: Yo no he turbado a Israel, sino tú y la casa de tu padre, dejando los mandamientos del SEÑOR, y siguiendo a los baales.

Baal es el dios de la prosperidad — el dios de los grandes predicadores que predican que, si usted sigue su mensaje, ¡usted recibirá lo mejor de este mundo y el cielo también! Grandes multitudes disfrutan oyendo estos sermones, mientras solo puñados, como Abdías, temerosos del Señor, pero no saben adónde ir porque los reyes de los grandes grupos han dominado completamente el pueblo de Dios. Entonces Elías dijo a Acab:

> [19] Envía pues ahora y júntame a todo Israel en el monte del Carmelo, y los cuatrocientos cincuenta profetas de Baal, y los cuatrocientos profetas de los bosques, que comen de la mesa de Jezabel.
>
> [20] Entonces Acab envió a todos los hijos de Israel, y juntó los profetas en el monte del Carmelo.

Carmelo significa "huerto fructífero". El deseo de Dios es que su pueblo sea como un huerto fructífero, pero las consecuencias de hacer las cosas a la manera del hombre producen el efecto opuesto y los deja secos y áridos.

> 21 Y acercándose Elías a todo el pueblo, dijo: ¿Hasta cuándo cojearéis vosotros entre dos pensamientos? Si el SEÑOR es Dios, seguidle; y si Baal, id en pos de él. Y el pueblo no respondió palabra.
>
> 22 Y Elías tornó a decir al pueblo: Solo yo he quedado profeta del SEÑOR; mas de los profetas de Baal hay cuatrocientos cincuenta varones.
>
> 23 Dénsenos, pues, dos bueyes, y escójanse ellos uno, y córtenlo en pedazos, y pónganlo sobre leña, mas no pongan fuego debajo; y yo aparejaré el otro buey, y lo pondré sobre leña, y ningún fuego pondré debajo.
>
> 24 Invocad luego vosotros en el nombre de vuestros dioses, y yo invocaré en el nombre del SEÑOR; y será que el Dios que respondiere por fuego, sea el Dios. Y todo el pueblo respondió, diciendo: Bien dicho.
>
> 25 Entonces Elías dijo a los profetas de Baal: Escogeos un buey, y preparadlo vosotros primero, pues que vosotros sois los más; e invocad en el nombre de vuestros dioses, mas no pongáis fuego debajo.

Baal significa *"maestro o señor"* pero en plural.

> 26 Y ellos tomaron el buey que les fue dado, y lo aparejaron, e invocaron en el nombre de Baal desde la mañana hasta el mediodía, diciendo: ¡Baal, respóndenos! Mas no había voz, ni quien respondiera; entre tanto, ellos andaban saltando cerca del altar que habían hecho.
>
> 27 Y aconteció al mediodía, que Elías se burlaba de ellos, diciendo: Gritad en alta voz, que dios es; por ventura está conversando, o tuvo que ir a la letrina, o va de camino; o duerme, y despertará.
>
> 28 Y ellos clamaban a grandes voces, y se sajaban con cuchillos y con lancetas conforme a su costumbre, hasta que la sangre se derramaba sobre ellos.
>
> 29 Y cuando pasó el mediodía, y ellos aún profetizaron hasta el tiempo del ofrecimiento del sacrificio de la tarde, y no había voz, ni quien respondiera ni escuchara;

> 30 entonces Elías dijo a todo el pueblo: Acercaos a mí. Y todo el pueblo se acercó a él; y él reparó el altar del SEÑOR que estaba arruinado.

Esto refleja el problema que tenemos en casi todas partes en la cristiandad: el altar del Señor está en ruinas. Para entender mejor cómo esto nos pertenece, debemos entender lo que representa el altar.

En el Antiguo Testamento el altar es el equivalente del evangelio en el Nuevo Testamento. El altar representaba sacrificio y las condiciones de Dios bajo las cuales él podía recibirnos, porque no somos aceptables por nuestra propia cuenta. Esto apuntaba al Cordero perfecto del sacrificio, y hoy la única manera que Dios nos recibe es en la vida del Cordero de Dios, nuestro Señor Jesucristo. La obra que hacemos en nuestra propia fuerza, incluso la obra religiosa, no es adecuada ni aceptable. Nuestra vida debe ser colocada en sus manos. Debemos volvernos de nuestro propio camino para dirigirnos en su dirección y seguirlo a él en fe. Si vamos a seguir el camino de Dios, nuestros propios hechos deben llegar a su fin. Debemos ser limpiados por él y hacer lo que él desea. Esto es completamente opuesto de lo que estábamos haciendo antes.

El camino del Señor no es un camino ancho. Es un camino estrecho, y algunas veces, al menos al principio, no parece tan agradable. Este es el camino de la cruz, un camino que nos llama a morir diariamente a cualquier cosa que Dios no quiera en nosotros. Mientras que al hombre viejo hay que dejarlo morir, el nuevo hombre en Cristo prosperará.

El evangelio dice: *Porque ¿qué aprovechará al hombre, si ganare todo el mundo, y perdiere su alma?* (Marcos 8:36).

Entonces, el altar de Dios debe ser reparado.

> 31 Y tomando Elías doce piedras, conforme al número de las tribus de los hijos de Jacob, al cual había sido dada palabra del SEÑOR, diciendo: Israel será tu nombre;

Israel es el nombre de Dios, y el nombre simboliza el deseo de Dios para colocar su misma naturaleza dentro de su verdadero pueblo.

> 32 edificó con las piedras un altar en el nombre del SEÑOR; después hizo una zanja alrededor del altar, en que cupieran dos medidas de simiente.

El altar, símbolo de la muerte del Señor Jesús, tiene suficiente espacio para todos aquellos que están dispuestos a rendir sus vidas a Jesucristo. Jesús no murió por nosotros de manera que pudiéramos seguir haciendo lo que nos gusta. ¡No!

Jesús, en fiel obediencia a su Padre, murió para mostrarnos el camino (porque él es el camino), y él desea llevarnos por el mismo camino que él caminó. Este camino nos guía a la verdadera bendición de Dios a través de la muerte del hombre viejo y de la vieja naturaleza. La bendición solo se encuentra en la vida de Cristo; solo se puede entrar plenamente si el viejo hombre es destruido.

Abdías, el mayordomo de la casa de Acab, escondió cien profetas en las cuevas, pero en el momento de la suprema confrontación, ninguno de aquellos profetas apareció en escena. En contraste, el profeta a quien Dios escondió apareció en escena en el momento correcto. ¿No es esto interesante?

Con frecuencia la gente le pide a Dios que bendiga lo que ellos están haciendo en vez de hacer lo que Dios está bendiciendo. Las personas dicen que ellos hacen cosas en el nombre del Señor, pero las hacen con corazones y motivos sucios, que quedarán en nada.

Si no estamos limpios delante del Señor, las cosas que estamos convencidos que eran de Dios o para Dios y correctas para hacer, quedarán en nada. Si estamos limpios, si el Señor nos ha enviado, si el Señor nos ha colocado donde estamos, y si seguimos siendo fieles a él, incluso en las cosas muy pequeñas, entonces nada podrá movernos si él no quiere que seamos movidos. Si estamos involucrados en algo que se origina desde el corazón de Dios, entonces el Señor lo mantendrá. Lo que permanecerá y servirá para algo es lo que fluye del corazón de Dios.

El Señor desea incorporarnos en lo que él está haciendo — empezando en el altar. Las dos medidas de semilla que Elías colocó en la zanja alrededor del altar son símbolo de nosotros. Dentro de cada uno de nosotros hay algo que debe morir con el fin de que Dios pueda multiplicar la vida de Jesús en nosotros y a través de nosotros. Jesús dijo que a menos que la semilla caiga en el campo y muera, esta no crecerá y será multiplicada.

> 33 Ordenó luego la leña, …

¿Qué representa la leña? La leña es símbolo de nuestras propias buenas obras. Todas ellas deben ser colocadas sobre el altar de Dios.

> 33 … *y cortó el buey en pedazos, y lo puso sobre la leña.*

Todo lo concerniente a nuestro caminar carnal dominado por la carne debe estar rendido sobre el altar. Vivir de esta manera nunca se les ocurrirá a aquellos que siguen el evangelio de la prosperidad y la adoración en el palacio de Acab.

> 34 Y dijo: Llenad cuatro cántaros de agua, y derramadla sobre el holocausto, y sobre la leña. Y dijo: Hacedlo otra vez; y otra vez lo hicieron. Y dijo: Hacedlo la tercera vez; y lo hicieron la tercera vez.

Doce cántaros de agua fueron derramados sobre el sacrificio. El número doce está relacionado con el orden divino, y el agua es símbolo de la Palabra de Dios. Cuando enfatizamos los caminos de Dios y saturamos todo lo que hacemos con su Palabra, cuando la leña, la carne y la simiente están sumergidas en agua abundante, una cosa es segura: no habrá fuego falso (Levítico 10:1–2).

No vamos a estar corriendo alrededor jugando con fósforos tratando de dar inicio a un avivamiento. Esta es una lección importante. El Señor no nos envía para encender el fuego. Esto no es acerca de crear un gran evento o llenar un estadio, prometiendo milagros sobrenaturales con el propósito de encender un avivamiento. Dios es el único que puede encender una nueva obra. El Señor encenderá el fuego en el tiempo correcto, y esto podría no estar de acuerdo a cómo o dónde pensamos que debería suceder. Elías insistió en derramar más y más agua sobre el altar.

> 35 De tal manera que las aguas corrían alrededor del altar; y también había llenado de agua la zanja.
>
> 36 Y cuando llegó la hora de ofrecerse el holocausto de la tarde, se acercó el profeta Elías, y dijo: SEÑOR Dios de

> Abraham, de Isaac, y de Israel, sea hoy manifiesto que tú eres Dios en Israel, y que yo soy tu siervo, y que por mandato tuyo he hecho todas estas cosas.
>
> 37 Respóndeme, SEÑOR, respóndeme; para que conozca este pueblo que tú, oh SEÑOR, eres el Dios, y que tú convertirás de nuevo el corazón de ellos a ti.

Este es el problema permanente con aquellos que están *reclamando* ser el pueblo de Dios que necesitan una verdadera conversión de corazón.

Solamente tres escrituras en la Biblia mencionan el Dios de Abraham, Isaac, e Israel. La mayoría de referencias mencionan el Dios de Abraham, Isaac y Jacob. ¿Por qué sería esto?

Jacob era un suplantador — un Israel no convertido. El representa a alguien que no ha sido convertido pero que usa el nombre de Dios para ganancia personal. Dios le permitió a él mismo ser llamado el Dios de Abraham, Isaac, y Jacob, pero las Escrituras también muestran el deseo de su corazón de convertir a Jacob. Sin embargo, Jacob no era fácil de convertir. Con el propósito de que esto fuera realizado, Jacob tuvo que atravesar por un periodo llamado el tiempo de la angustia de Jacob.

Solamente cuando Jacob pensó que perdería todo y sería asesinado, él buscó desesperadamente al Ángel del SEÑOR. Él peleó toda la noche con el SEÑOR y rehusó dejarlo ir a menos que fuera bendecido. Con el fin de bendecirlo, Dios tuvo que herir el caminar de Jacob en la carne. Jacob salió con la bendición y con un nombre de Dios — Israel. Y él cojeó por el resto de su vida (Génesis 32:24–32).

Dios no quiere que ninguno se pierda (2 Pedro 3:9). Él tiene planes para cada uno. Grandes personalidades de hoy, como Acab, pueden experimentar el tiempo de la angustia de Jacob con todos sus seguidores. Ellos lucharán con Dios o contra Dios. Si Jacob hubiera continuado resistiendo a Dios por un poco más de tiempo, él podría no haber prevalecido. El Ángel le dijo claramente que el tiempo se estaba agotando, y lo dejaría antes del amanecer.

Elías también sabía que estaba en una lucha seria y que el tiempo se estaba acabando. Él desesperadamente pidió una respuesta de

Dios para que *este pueblo conozca que tú, oh SEÑOR, eres el Dios, y que tú convertirás de nuevo el corazón de ellos a ti* (v. 37).

Esta es la única esperanza, porque si el pueblo de Dios no es transformado de adentro hacia afuera, ¿qué esperanza hay para aquellos que están afuera en el mundo? Nuestro principal problema no es el diablo o los demonios o incluso los terroristas u otros enemigos. ¡No! El principal problema es que la mayoría del pueblo de Dios, en Israel y en la Iglesia, no reflejan un corazón convertido y, por tanto, la misma historia se repite.

No hay muchos como Elías, aunque tenemos los suficientes que son como Abdías, que hace cosas que piensan son muy buenas. Sí, Abdías escondió cien profetas (en dos grupos de cincuenta) y los alimentó con pan y agua, pero ¿dónde estaban esos profetas cuando Dios envió a Elías a confrontar a los profetas de Baal?

> 38 Entonces cayó fuego del SEÑOR, el cual consumió el holocausto, la leña, las piedras, el polvo, y aun lamió las aguas que estaban en la zanja.

Pedro profetizó:

> … que los cielos fueron creados en el tiempo antiguo y la tierra salida del agua y en el agua, por la palabra de Dios; por lo cual el mundo de entonces pereció anegado por agua;
>
> pero los cielos que son ahora, y la tierra, son conservados por la misma Palabra, guardados para el fuego en el día del juicio, y de la perdición de los hombres impíos.
> (2 Pedro 3:5–7)

Todo el sistema mundano será destruido cuando el Señor envíe el verdadero juicio por fuego, profetizado por Pedro (2 Pedro 3:7). En la historia de Elías y el fuego que cayó del cielo, el sacrificio fue consumido de una forma sobrenatural. El sacrificio representa todo lo que pertenece a nuestro caminar en la carne. Esto será consumido junto con la leña, que representa nuestras propias buenas obras. ¿Pero qué acerca de las piedras o del polvo?

El hombre es hecho del polvo de la tierra y regresará al polvo. Podríamos asumir que el polvo y las piedras, representan el orden divino de Dios, y serían a prueba del fuego; pero algo muy interesante está por suceder. Dios está por cambiar el orden fundamental de muchas cosas.

¿El día del hombre? ¿El orden de Pentecostés? ¿Doce hijos de Jacob o de Israel? ¿Doce apóstoles? No, no, no y no. El Señor está por hacer algo que cumplirá la profecía acerca de tener solamente un pastor y un rebaño (Juan 10:16).

En otro lugar la profecía declara que aun personajes claves como Noé, Daniel, y Job solo serían salvos ellos mismos y que ellos mismos no podían salvar a nadie más (Ezequiel 14:14–20). ¿Por qué? Porque estamos llegando a un tiempo cuando solamente aquellos que tengan una relación personal directa con Dios serán salvos.

No será suficiente estar bajo pastores o ancianos o líderes que oyen la voz del Señor y usan los dones dados por Dios en el liderazgo del rebaño, que está dependiendo del líder o de los líderes. ¡No! El pueblo debe tener su propio vínculo directamente con Dios el Padre y estar bajo su disciplina.

El orden establecido en Israel y en toda la iglesia se hará humo cuando caiga el fuego de Dios. Podremos hacer preparativos como lo hizo Elías.

Podemos predicar mensajes, distribuir Biblias, y hacer muchas otras cosas buenas con tal que el Señor nos dirija a continuar vertiendo "agua" sobre el sacrificio. Esto es muy importante para recordar que todo lo que Elías hizo estaba de acuerdo a la Palabra del SEÑOR.

Cuando el fuego cayó, una de las cosas más importantes que sucedió fue que el verdadero fuego de Dios una vez más ardió sobre el altar de Dios. Si la presencia de Dios no está en el altar y el Señor no interviene directamente en el corazón de cada persona, nadie puede hacer algo para corregir la situación. ¿Qué bien haría a alguien tener una Biblia y escucharnos predicar si el fuego de la convicción del Espíritu de Dios no lo barre?

La verdadera presencia de Dios barre toda oposición. Nosotros no controlamos la verdadera presencia de Dios, y no está confinada por límites o estructuras hechas por el hombre.

1 Reyes 18

> 39 Y viéndolo, todo el pueblo, cayeron sobre sus rostros, y
> dijeron: ¡El SEÑOR es el Dios! ¡El SEÑOR es el Dios!

El pueblo no cayó de espaldas; ellos cayeron sobre sus rostros. Cuando el verdadero fuego de Dios cae de nuevo, el pueblo caerá sobre sus rostros. En hebreo, cuando ellos decían, ¡El SEÑOR, él es el Dios; esto sonaba como decir *Elías!*

Dios escogió a Elías para representarlo. Esto es lo que está faltando en muchos lugares hoy. Dios desea tener representantes que lo representen de acuerdo a sus anhelos y deseos.

> 40 Y les dijo Elías: Prended a los profetas de Baal, que no
> escape ninguno. Y ellos los prendieron; y los llevó Elías al
> arroyo de Cisón, y allí los mató.

¿Por qué los mató? Usted podría estar pensando: *¡pobres profetas! ¿Por qué no darles una buena clase de Escuela Dominical?*

Él los mató porque ellos habían pasado largo tiempo profetizando sus falsa profecías en Israel, y el engaño que propagaron causó la perdida de muchas personas eternamente en Israel. Su engaño puso a toda la nación en serio peligro.

Jesús dijo que cuando él regrese y encuentre siervos impíos causando problemas en su casa, él destruirá a los labradores impíos y los reemplazará con los que sean hallados fieles. (Lucas 20:16).

> 41 Entonces Elías dijo a Acab: Sube, come y bebe; porque
> una gran lluvia suena.

Los profetas de Baal tenían que ser destruidos con el propósito de que la bendición fluyera sobre el pueblo de Dios una vez más. La lluvia es símbolo de bendición.

> 42 Y Acab subió a comer y a beber. Y Elías subió a la cumbre
> del Carmelo; y postrándose en tierra, puso su rostro entre
> las rodillas.
>
> 43 Y dijo a su criado: Sube ahora, y mira hacia el mar. Y
> el subió, y miró, y dijo: No hay nada. Y él volvió a decir:
> Vuélvete siete veces.

> 44 Y a la séptima vez dijo: He aquí una pequeña nube como la palma de la mano de un hombre, que sube del mar. Y él dijo: Ve y di a Acab: Unce tu carro y desciende, para que la lluvia no te ataje.

He escuchado predicadores que interpretan la *pequeña nube como la palma de la mano de un hombre,* para decir que una mano tiene cinco dedos, y estos dedos hipotéticos deben representar el ministerio quíntuple de: apóstoles, profetas, evangelistas, pastores y maestros, que según ellos, necesitan moverse y tomar control inmediato de cualquier nuevo avivamiento. Esto no es necesariamente el caso. Debemos ser muy cuidadosos para no malinterpretar Efesios 4:11-16.

Esta pequeña nube era del tamaño de la palma de la mano de un hombre, pero no dice nada acerca de los dedos. Esto verdaderamente representa un comienzo muy pequeño y Dios tendrá ***su*** mano en esta cosa nueva, la cual rápidamente se convertirá en una gran tormenta. De acuerdo al libro del Apocalipsis, habrá relámpagos, truenos y granizo. No estamos hablando de una lluvia liviana.

> 45 Y aconteció, estando en esto, que los cielos se oscurecieron con nubes y viento; y hubo una gran lluvia. Y subiendo Acab, vino a Jezreel.

Jezreel quiere decir, "Dios siembra" o "Dios esparce". Para muchos años durante la era de la iglesia, el ministerio humano ha dominado al pueblo de Dios. El hombre ha sembrado mucho pero no ha producido fruto duradero porque no ha tenido la verdadera bendición de Dios. La plenitud de la bendición no puede caer sobre el hombre viejo.

Hemos visto que cuando los creyentes permiten reinar al hombre viejo, aun con dones y ministerios de Dios, nunca podrán ser bendecidos completamente. Dentro de la iglesia, hemos tenido hombres y mujeres ejemplares de Dios, pero como entidad, la iglesia no ha entrado en la plenitud de la bendición. Ahora Dios va a sembrar y veremos gran diferencia.

> [46] Y la mano del SEÑOR era sobre Elías, el cual ciñó sus lomos, y vino corriendo delante de Acab hasta llegar a Jezreel.

No dice que Elías, como un gran profeta, es uno de los dedos de la mano de Dios. Dice que la mano del SEÑOR estaba sobre Elías. Bajo la mano del SEÑOR, Elías fue capaz de rebasar los caballos de la carroza de Acab, porque Dios había advertido a los reyes de Israel no confiar en caballos (y por tanto no confiar en carrozas jaladas por caballos), que representan la carne y la maquinaria religiosa del hombre (Deuteronomio 17:16). Cuando la mano de Dios nos mueve, podemos funcionar mejor que cualquier organización religiosa que se encuentra enyugada al hombre.

Dios pronto encenderá las cosas en fuego de nuevo. Cuando el verdadero fuego de Dios caiga, varias posibilidades llegan a ser viables.

Primero, los falsos profetas serán revelados por lo que realmente son, y ellos perderán su poder.

El fuego de Dios preparará el camino para que cada individuo tenga un encuentro directo con la presencia de Dios de modo que ellos puedan ser guiados directamente por él. Cuando el fuego de Dios caiga, cada estructura religiosa falsa eventualmente se deshace y desaparecerá.

Por esta razón, no he tenido el corazón ni el deseo de fomentar un reino privado o hacer cosas que veo que están haciendo en otros lugares "porque funcionan". No vamos a torcer brazos y tomar ofrendas para construir una fortaleza religiosa y llenarla con oficinas para que las personas vengan y busquen consejo de nuestra parte. ¡No señor! Todas estas organizaciones muy pronto van a llegar a ser como el templo de Salomón o como el templo de Herodes: no quedará piedra sobre piedra.

La única cosa que permanecerá firme en el día del Señor es la relación personal con él. Habrá un pastor y un rebaño (Ezequiel 34:23; Juan 10:16). Hay un solo mediador entre Dios y los hombres, y sabemos quién es él. Nadie puede tocarlo porque está sentado a la diestra del Padre con todo poder y autoridad para mediar el Nuevo Pacto como él vea apropiado.

¡Estamos terminando 2000 años de práctica del Nuevo Pacto de acuerdo a los caminos del hombre y mira dónde estamos! No estamos mucho mejor que Israel bajo el Rey Acab. Estamos actualmente en uno de los momentos más corruptos de la iglesia y la historia del mundo.

¿A dónde vamos?

El Señor unirá a los que son puros de corazón, a los que le han permitido a él limpiar sus corazones. No necesitamos tener una posición importante en este mundo.

Solo necesitamos permitir que el Señor trabaje en nuestros corazones de manera que él pueda limpiarnos. Entonces, él también podrá obrar a través de nosotros y unirnos con cada uno de los que tienen un corazón puro.

Pronto, y aparentemente de la nada, él hará que su reino se haga visible. Su reino ha permanecido invisible, pero pronto él hará que aparezca. Cuando se haga visible, ¿qué se verá? Nosotros, si le pertenecemos a él, si le hemos permitido a él limpiar nuestros corazones, si le hemos permitido obrar en y a través de nosotros.

Oremos:

Señor, te damos gracias por este ejemplo, por este mensaje, y por lo que podamos aprender para apropiarnos. Te pedimos que podamos ser capaces de entender mejor tu corazón, tu misericordia hacia nosotros y que podamos también entender lo que tú deseas de nosotros, de modo que logremos enfocarnos en la dirección correcta.

Que busquemos tus metas y tu sabiduría. Amén.

Capítulo Tres

La voz apacible y delicada

1 Reyes 19

1 Y Acab dio la nueva a Jezabel de todo lo que Elías había
hecho, de cómo había matado a espada a todos los profetas.
2 Entonces envió Jezabel a Elías un mensajero, diciendo:
Así me hagan los dioses, y así me añadan, si mañana a estas
horas yo no haya puesto tu persona como la de uno de ellos.
3 Y viendo esto se levantó y se fue para salvar su vida, y vino
a Beerseba, que es en Judá, y dejo allí su criado.
4 Y él se fue por el desierto un día de camino, y vino y se
sentó debajo de un enebro; y deseando morirse, dijo: Baste
ya, oh SEÑOR, quita mi vida; que no soy yo mejor que mis
padres.

Elías mostró fortaleza y coraje para enfrentar ochocientos cincuenta falsos profetas de Baal cuando el Señor envió fuego del cielo; y él fue capaz de destruirlos a todos ellos, pero tuvo que escaparse de la Reina Jezabel.

Cuando son enfrentados con la adversidad, la inclinación natural de muchos cristianos es salir corriendo.

En los últimos cincuenta años poco más o menos, muchos individuos y aun grupos enteros han escapado a otros países o áreas de desierto remotas, porque ellos temen lo que está sucediendo en la iglesia y en los Estados Unidos. Sin embargo, cuando fallamos (y especialmente si nuestro error fue un error honesto), Dios no falla. El dará otra oportunidad para la victoria que será aún más gloriosa, si estamos dispuestos a poner nuestras vidas en el altar. Podemos ser refinados de manera que bajo presión seguiremos haciendo cosas a la manera de Dios no importa qué.

Es interesante notar en 2 de Reyes que Eliseo y los que estaban incluidos en la escuela de profetas que él dirigió nunca tuvieron la más ligera inclinación de intentar salvar sus propias vidas. Ellos fueron capaces de permanecer victoriosos en medio de toda la intensa perversión, corrupción y maldad. Su actitud valiente fue victoriosa y contagiosa. Esto indudablemente tiene mucho que ver con la doble medida del Espíritu de Elías (de Dios mismo) que Eliseo deseaba y obtuvo.

Jezabel representa el falso sistema religioso predominante. Jezabel era la hija pagana de Ethbaal, el rey de los Sidonios, que se casó con el rey de Israel. El rey Acab podría no haber sido tan malvado si no fuera por la influencia de Jezabel. Él tuvo oportunidades e incluso se arrepintió en una ocasión durante el transcurso de su vida; sin embargo, la fuerte influencia de su esposa causó que Acab buscara metas equivocadas. De otra parte, esta misma mujer causó un efecto diferente en Elías. Ella causó que él enfrentara la realidad acerca de sí mismo y descubriera su deseo latente de salvar su propia vida. Tarde o temprano cada cristiano debe enfrentar esta realidad.

Aquellos que escuchan la voz de profetas diciéndoles que Israel o los Estados Unidos o la iglesia (o Colombia) están perdidos sin esperanza y deben escapar a algún supuesto refugio en otro país o área desierta remota necesitan preguntarse ellos mismos una cosa. ¿Por qué? ¿Porqué están tratando de alejarse de la batalla en curso?

¿Esto es debido al deseo de salvar sus propias vidas o verdaderamente y personalmente han oído del SEÑOR? ¿Están ellos siendo guiados por él en vez de reaccionar por temor a las muchas voces religiosas (demoníacas) intentando absorber su tiempo y recursos, de manera que pierden su eficacia para Dios?

Hay un tiempo para pelear y un tiempo para correr; pero Elías se lamentó tanto haber escapado de la batalla por Jezabel, que le pidió al SEÑOR que le quite su vida.

El sistema representado por Jezabel no solamente busca deshacerse de los profetas de Dios; este invade al pueblo de Dios y lo contamina. Este los controla desde adentro y utiliza a Israel y la Iglesia (el pueblo de Dios) para erradicar o desterrar a todos los verdaderos profetas y todo culto verdadero (el cual es en Espíritu y en verdad).

Si usted no me cree solamente empaque una maleta llena de Biblias o Nuevos Testamentos junto con unos pocos folletos del evangelio y vaya al centro de Jerusalén o Tel Aviv y repártelos. Usted recibirá una muy airada reacción de "Jezabel" casi inmediatamente. Muchas iglesias (especialmente las grandes) son igualmente paranoicas.

Algunos tienen tal culto a la personalidad siguiendo al pastor que no reciben predicadores de afuera. ¡Punto!

Por tanto, profetas y otros que escapan a tales circunstancias por temor de hombres corruptos siempre encontrarán dondequiera que vayan, su enemigo, porque el enemigo se ha arrastrado como un gusano dentro de ellos.

Jezabel hace su mejor trabajo desde adentro, y la mayoría del pueblo no considera esto. Por esto es que Dios demanda la verdadera muerte del hombre viejo (de la vieja naturaleza carnal Adámica), antes que él derrame la doble medida de la plenitud de nuestra heredad actual en Cristo en el ámbito del Lugar Santísimo. Y solo aquellos comisionados directamente desde el ámbito del trono de Dios tienen una victoria total.

¿Qué herramienta usa Jezabel? Ella usa el culto a Baal (el dios de la prosperidad de este mundo), el cual está ligado indeleblemente a la fornicación. Para entender mejor lo que esto significa, permítanos dar una mirada más de cerca a Baal.

Baal se relaciona con el dios de este mundo. La palabra Baal realmente significa "señor" (plural) e incluye a Satanás y todos sus demonios, mientras ellos intentan operar entre el pueblo de Dios como ángeles de luz. Baal promete la prosperidad de este mundo. Una parte central del culto a Baal involucra fornicación, la cual incluye adulterio (Mateo 5:32); incesto (1 Corintios 5:1); e idolatría (2 Corintios 2:11); y todo tipo de impureza sexual.

El nombre Jezabel significa, "ella no cohabita (con su marido)". Ella busca relaciones promiscuas (espirituales y de otra forma) con ambos, hombres y mujeres.

Si ella puede conseguir que el pueblo de Dios busque la prosperidad de este mundo, ella puede infiltrar sus pensamientos con la mentira de que es posible servir a ambos, a Dios y a Baal, al mismo tiempo. ¡Ella promete lo mejor de este mundo y los cielos también! Sin embargo, aquellos embaucados por sus promesas están espiritualmente contaminados, completamente derrotados, y en total esclavitud a la carne, el mundo, y el diablo. El espíritu de Jezabel opera en ambos, tanto hombres como mujeres y cambia la dinámica de grupos enteros.

Jezabel también se especializa en embaucar personas religiosas que creen en la austeridad. Aunque ellos piensan que han rechazado totalmente el mundo, Jezabel los engaña para que intenten salvar sus propias vidas y las vidas de sus familias abrazando un estilo de vida estricto, rústico o comunal en algún rincón remoto de este mundo. Jezabel es experta en encontrar y pintar color de rosa formas para pasar por encima del camino de la cruz. Ella no solo seduce a los que son carnales; ella también es creativa en seducir a los que se consideran como espirituales.

Dios dice, ... *cualquiera pues que quisiere ser amigo del mundo, se constituye en enemigo de Dios,* (Santiago 4:4). Los que son amigos del mundo son considerados adúlteros y adulteras. ¿Por qué? El espíritu detrás de este mundo es el enemigo de Dios. Los que buscan las cosas de este mundo (aun los que intentan salvar sus vidas en este mundo en vez de estar dispuestos a arriesgar todo por el Señor) buscan una alianza con otro espíritu, con otro dios que no es el verdadero Dios.

Esto es adulterio espiritual, y esto produce bastardos espirituales que reconocen a la iglesia como su madre, pero Dios no es su padre.

Recibir nuestras directivas espirituales y teología el uno del otro, en vez de por el Espíritu de Dios (que obviamente también trabaja a través de hombres y mujeres de fe) es homosexualidad espiritual. Esto es siempre estéril y deja de producir conversos con vidas transformadas.

> Así que, hermanos, os ruego por las misericordias de Dios, que presentéis vuestros cuerpos en sacrificio vivo, santo, agradable a Dios, que es vuestro racional culto.

> Y no os conforméis a este siglo; mas transformaos por la renovación de vuestra alma, para que experimentéis cuál sea la buena voluntad de Dios, agradable y perfecta. (Romanos 12:1–2)

El Señor es muy celoso. Él no permitirá que su pueblo esté con otro dios. Él compara su relación con su pueblo a un matrimonio y demanda fidelidad y limpieza. Por esto es que el ataque del enemigo trata de hacer que los corazones del pueblo de Dios se extravíen.

Primero, él pone empeño en persuadir al pueblo de Dios en buscar su propia seguridad. Entonces él intenta que ellos busquen su propia comodidad. Finalmente, él tienta al pueblo de Dios para ir tras de las cosas y metas de este mundo (recuerde que el amor al dinero es la *raíz* de todos los males). Esto abre la puerta a la impureza sexual y espiritual, la cual también expone a las siguientes generaciones a toda clase de perversión y abuso. Los paganos fueron famosos por sacrificar brutalmente sus hijos a los demonios, y existen muchos paralelos en nuestra sociedad moderna. Los que caen ante las obvias tentaciones mundanas no son los únicos propensos a perder sus hijos; aquellos que caen en el lado opuesto del caballo en el legalismo religioso son igualmente propensos a perder sus hijos.

Elías vino a darse cuenta que había subestimado a Jezabel y estaba completamente exhausto.

1 Reyes 19

> 5 Y echándose debajo del enebro, se quedó dormido; y he aquí luego un ángel que le tocó, y le dijo: Levántate, come.
>
> 6 Entonces él miró, y he aquí a su cabecera una torta cocida sobre las ascuas, y un vaso de agua; y comió y bebió y se volvió a dormir.
>
> 7 Y volviendo el ángel del SEÑOR la segunda vez, le tocó diciendo: Levántate, come; porque gran camino te resta.
>
> 8 Se levantó, pues, y comió y bebió; y caminó con la fortaleza de aquella comida cuarenta días y cuarenta noches, hasta el monte de Dios, Horeb.

Puede ser necesario para nosotros pasar algún tiempo en el "desierto" con el propósito de ordenar las cosas y vencer tentaciones. Elías pasó cuarenta días y cuarenta noches en el desierto. Los hijos desobedientes de Israel gastaron cuarenta años vagando en el desierto hasta que toda la generación de incrédulos murió (un año por cada día de desobediencia después que rehusaron creer a Dios y entrar en la Tierra Prometida). Recuerde que el desierto que enfrentamos puede ser espiritual o físico o ambos. (Números 14:34; Deuteronomio 1:2–3; Apocalipsis 12:14).

Este es el mismo lugar donde Moisés recibió los Diez Mandamientos en medio de los cuarenta días de ayuno. Jesús guiado por el Espíritu, ayunó cuarenta días en el desierto y fue ministrado por los ángeles.

Elías tuvo un largo viaje. El verdadero ayuno es un estilo de vida, es una negación diaria a sí mismo (Isaías 58). El único alimento (espiritual) que debemos tomar es el que es provisto por el Señor. El desierto de Elías consistió en un desierto sin huellas, el cual atravesó aparentemente a solas.

Podemos caminar con Jesús si Dios tiene su mano sobre nosotros (aun cuando no podamos verlo) donde no hay camino, porque él es el camino, y la verdad y la vida. Al final del viaje, él estaba convencido que estaba completamente solo física y espiritualmente en su ministerio profético, aunque la mano del Señor estaba todavía sobre él.

A través de toda la historia, muchos hombres y mujeres de Dios excelentes se han sentido solos de la misma forma, mientras ellos se recuperan de sus heridas siguiendo una batalla infructuosa con Jezabel. En mis viajes, encuentro a muchos que se sienten así, porque no han encontrado aún una persona en su mismo pueblo o ciudad con que puedan compartir su vida en un cercano compañerismo. Ellos no han encontrado una iglesia o grupo o compañerismo donde ellos se sientan libres del dominio, control, perversión de Jezabel. ¿Por qué es esto?

El Señor está haciendo algo diferente y preparándonos para algo distinto de lo que hemos experimentado en el pasado. En el pasado, pudimos seguir al Señor en nuestra propia vida y aparentemente ser exitosos con los dones, ministerios, y dirección que

Dios proveyó para nosotros. Aún parecía posible que podíamos continuar así indefinidamente, complementado por los congregados alrededor de nosotros.

Enfrentémonos — individuos dinámicos, muy dotados tienen la habilidad para ministrar a lo grande y algo de esto parece muy verdadero. Pero en medio de toda esta actividad ministerial, de alguna manera las cosas siguen contaminándose aún tan ligeramente con el culto a Baal– el culto de las cosas y valores de este mundo — empezando con una obsesión para salvar nuestras propias vidas.

Este culto aparece en personas con tremendos dones de Dios, que tienen grandes ministerios que exteriormente dan la apariencia de ser muy exitosos, pero no experimentan victoria interiormente. En vez de eso, ellos luchan con cosas como temor, lascivia, y otros deseos equivocados.

Ellos se encuentran asimismo en matrimonios enproblemados y teniendo problemas con sus hijos. En otras palabras, son asediados por problemas por todos lados.

Para entender lo que el Señor está haciendo ahora, es importante darse cuenta que como creyentes nuestra relación con él es de importancia suprema. Considere esta relación vertical entre nosotros y aquí en la tierra y Dios en los cielos. Nuestras relaciones con otras personas en la tierra pueden mirarse como horizontal en la naturaleza. El Señor no tiene prisa en unir personas horizontalmente. Aquellos que están profundamente a tono con él (dando máxima prioridad a la relación vertical) no están tampoco apresurados por hacer algo así. ¿Por qué? Porque vivimos en un tiempo cuando Dios quiere unirse con aquellos cuyos corazones son puros y limpios.

Algunas veces, él hace una excepción e incluye a aquellos que desesperadamente desean ser limpios pero que todavía tienen un largo camino por recorrer. Sin embargo, el Señor desea un mensaje descontaminado que fluya y para los que reciban este mensaje, experimentar el trato de Dios directamente con ellos. Este encuentro con Dios afectará su vida entera, porque el Señor no solo desea corazones limpios él también desea que el hombre viejo muera. Tenemos una elección entre Adán y Cristo.

Enfrentaremos circunstancias difíciles y ataques, hasta que estemos dispuestos, como Elías, para poner nuestras vidas en el altar, de modo que Dios pueda hacer como le plazca.

Aún después que pongamos nuestras vidas, podemos experimentar circunstancias difíciles, pero si ese vínculo vertical con Dios domina, estaremos ansiosos de ir donde él desee. Si él desea que marchemos a través de un desierto solitario, entonces iremos a través del desierto. Si este es un viaje largo, eso no importa. Iremos donde él diga. Nos alimentaremos solamente de lo que él provea; *no con solo del pan vivirá el hombre, mas con toda palabra que sale por la boca de Dios* (Deuteronomio 8:3; Mateo 4:4).

Aquellos que buscan su propia comodidad y ganancia no harán esto. Estoy hablando acerca de los que buscan a Dios, de manera que él hará lo que ellos desean, como si él fuera un genio que los prosperará en lo que ellos han determinado sea una bendición. Tales personas nunca se embarcarán en un viaje sabiendo que posiblemente nunca regresarán.

¿Qué desea el Señor? El Señor desea un pueblo limpio. Ya sabemos que después que la levadura (corrupción) es introducida, aún un poco de levadura, leuda toda la masa. Por tanto, no deberíamos estar tratando de ver cuántas personas podremos abrazar con nuestro compañerismo. Esto no es acerca de números, enfocarse en números resultará en traer las personas equivocadas.

Los dones y ministerios de Dios son dados de modo que podamos entrar en la vida de Jesucristo y producir buen fruto bajo la disciplina y castigo de nuestro Padre Celestial. Si los dones y ministerios son usados para ganancia personal (o aún corporal), el efecto y propósito de Dios no serán cumplidos. Esto es lo que vemos alrededor nuestro. Esto es lo que Jezabel fomenta cuando sus procederes echan raíz dentro del pueblo de Dios.

De regreso al libro de 1 Reyes, Dios está por mostrar a Elías cómo derrotar a Jezabel.

Algunos cambios profundos son necesarios. En este pasaje, Elías apenas ha llegado a la montaña de Dios después de viajar cuarenta días y cuarenta noches a través del desierto.

1 Reyes 19

9 Y allí se metió en una cueva, donde pasó la noche. Y vino a
él palabra del SEÑOR, el cual le dijo: ¿Qué haces aquí Elías?
10 Y él respondió: He sentido un vivo celo por el SEÑOR Dios de los ejércitos; porque los hijos de Israel han dejado tu pacto, han derribado tus altares, y han matado a espada tus profetas; y yo solo he quedado, y me buscan para quitarme la vida.

11 Y él le dijo: Sal fuera, y ponte en el monte delante del SEÑOR. Y he aquí el SEÑOR que pasaba, y un gran y poderoso viento que rompía los montes, y quebraba las peñas delante del SEÑOR; mas el SEÑOR no estaba en el viento. Y tras el viento un terremoto; mas el SEÑOR no estaba en el terremoto.

12 Y tras el terremoto un fuego; mas el SEÑOR no estaba en el fuego. Y tras el fuego una voz apacible y delicada.

13a La cual cuando Elías la oyó, cubrió su rostro con su manto, y salió, y se puso en pie delante de la cueva …

Esta es la primera vez que el manto (o cubierta) de Elías es mencionado. Elías sabía que estaba en directa presencia de Dios y esto mataría normalmente un hombre mortal. Por tanto, él salió y se paró en la puerta de la cueva, pero cubrió su rostro con su manto (su manto es un símbolo de ser redimido y cubierto por Dios).

13b … Y he aquí llegó una voz a él, diciendo: ¿Qué haces aquí Elías?

14 Y él respondió: He sentido un vivo celo por el SEÑOR Dios de los ejércitos; porque los hijos de Israel han dejado tu pacto, han derribado tus altares, y han matado a espada tus profetas; y yo solo he quedado, y me buscan para quitarme la vida.

El Señor repitió la pregunta, y Elías dio la misma respuesta. ¿Por qué el Señor haría la pregunta por segunda vez? Es porque el Señor está buscando integridad y limpieza adentro. Si no escuchamos y entendemos la voz apacible y delicada, entonces el viento y el terremoto y el fuego no harán ninguna diferencia. Por esto es que la gloria de Dios se ha disipado rápidamente desde los grandes avivamientos conocidos a todo lo largo de la historia de la iglesia.

El viento recio, el terremoto y el fuego del aposento alto, de la Reforma, del Gran Despertar, y los subsiguientes avivamientos se han marchitado en la apostasía del tiempo del fin en muchos lugares.

No podremos estar libres de las garras de Jezabel por seguir los modelos pasados para un avivamiento. Nuestra única salida es escuchar la voz apacible y delicada y hacer exactamente lo que Dios está diciéndonos a cada uno de nosotros que hagamos ahora, 24 horas/7 días a la semana.

Esta voz tiende a hablar en nuestros corazones más que en nuestras mentes.

> 15 Y le dijo el SEÑOR: Ve, vuélvete por tu camino, por el desierto de Damasco; y llegarás, y ungirás a Hazael por rey de Siria;
>
> 16 y a Jehú hijo de Nimsi, ungirás por rey sobre Israel; y a Eliseo hijo de Safat, de Abel-mehola, ungirás para que sea profeta en lugar de ti.
>
> 17 Y será, que el que escapare de la espada, de Hazael, Jehú lo matará; y el que escapare de la espada de Jehú, Eliseo lo matará.
>
> 18 Y yo haré que queden en Israel siete mil; todas las rodillas que no se encorvaron ante Baal, y todas las bocas que no lo besaron.

El Señor prometió a Elías que él haría que siete mil que no habían doblado sus rodillas ante Baal permanecieran en Israel. El remanente fiel a Dios permanece hoy incluso en los lugares más corruptos de Israel y la Iglesia.

> Así también, aun en este tiempo ha quedado remanente por la elección graciosa de Dios. (Romanos 11:5)

En el siguiente capítulo de Reyes, veremos un remanente de siete mil enfrentar a un ejército mucho más grande y vencerlos. La única cosa que puede garantizar la victoria es si guardamos nuestros corazones en el altar delante del Señor, de modo que pueda trabajar dentro de nosotros de acuerdo a su buena voluntad. Si entramos de todo corazón en lo que el Señor está haciendo, en vez de tratar de meter al Señor en nuestros planes, el Señor nos limpiará. Si estamos en él, y él nos ha limpiado, ¿adivine lo que sucederá?

Él nos unirá con otros que están limpios y nos usará en la forma que él vea apropiada. Mientras Dios nos une a otros que son limpios, él construye unidad entre su pueblo — unidad que el enemigo no puede romper. Por esto es que el Señor da esta promesa:

> *Y yo haré que queden en Israel siete mil, todas las rodillas que no se encorvaron ante Baal, y todas las bocas que no lo besaron.* (v. 18)

Siete representa un total completo y mil es símbolo de perfección. Siete mil significa todos aquellos que están caminando en la perfección (la misma palabra que madurez). El Señor hará que ellos permanezcan victoriosos en Israel. Israel significa "el pueblo de Dios". Solo el Señor puede caminar en perfección, pero él desea hacerlo en nosotros. Este es que el único camino hacia la madurez en Cristo.

> 19 *Y partiendo él de allí, halló a Eliseo hijo de Safat que araba con doce yuntas delante de sí; y él era uno de los doce gañanes. Y pasando Elías por delante de él, echó su manto sobre él.*

Como dije anteriormente, doce es un número que representa el orden divino. Eliseo era obviamente un trabajador fiel, y dedicado en la granja de su padre, exactamente como David había vivido como un fiel pastor. Dios tiende a escoger a aquellos que son fieles en el ámbito natural cuando es tiempo de delegar responsabilidad espiritual.

En esta historia, el manto o cubierta de Elías, juega un importante rol. La comisión de Elías vino directamente del SEÑOR sin intermediario. Dios le dijo que ungiera a Eliseo para ser profeta en su lugar. Desde el mismo principio, Elías indicó que Eliseo estaba siendo redimido y llamado a estar directamente bajo la autoridad de Dios. Por esta razón, su sumisión a Elías tenía que ser voluntaria. Esto es enfatizado durante el entrenamiento de Eliseo. Eliseo no fue ungido para tomar el lugar de Elías hasta más tarde, cuando recibió la famosa doble medida.

El manto usado por el profeta estaba hecho de pelo de camello (el camello es un animal inmundo). Ya hemos visto que muchos aspectos de lo que Dios ordenó concerniente a Elías — el estilo de vida y dieta no cumplían con la ley.

Las Escrituras en el Nuevo Testamento declaran que los que son guiados por el Espíritu no están bajo la ley. Elías fue pionero en este concepto.

> 20 Entonces dejando él los bueyes, vino corriendo en pos de Elías, y dijo: Te ruego que me dejes besar a mi padre y a mi madre, y luego te seguiré. Y él le dijo: Ve, vuelve: ¿qué te he hecho yo?

Elías debe haber echado su manto sobre Eliseo y luego siguió caminando (o tal vez corriendo). Eliseo corrió espontáneamente detrás de Elías y aceptó el llamado de Dios. Eliseo no tuvo tiempo para razonar esto o incluso orar. Él fue con el impulso de su corazón y solamente pidió un beso de despedida a su padre y a su madre, no para pedir su permiso. Esto indica que Eliseo era posiblemente mayor de treinta años de edad (símbolo de madurez). Hay similitudes entre el llamado de Eliseo y el llamado de los discípulos de Jesús.

> 21 Y se volvió de en pos de él, y tomó un par de bueyes, y los mató, y con el equipo de los bueyes coció la carne de ellos, y la dio al pueblo que comieran. Después se levantó y fue tras Elías, y le servía.

Los limpios de corazón verán a Dios. Los puros de corazón nunca serán avergonzados, confundidos, o derrotados. Los puros de corazón no solamente tendrán claridad de Dios, ellos también tendrán la gracia para cumplir la voluntad de Dios victoriosamente. Cuando otros permanecen como conductos entre el Señor y nosotros, tales como mentores, ancianos, clérigos, u otros intermediarios, y si debemos recibir nuestra dirección y revelación de segunda mano, el resultado es que nos falta la gracia y el poder para vivir una vida limpia y tener un ministerio victorioso.

Elías recibió su dirección e instrucción directamente de Dios, y Eliseo estaba claramente en el mismo camino. El verdadero ministerio ordenado por Dios busca unir a las personas directamente al Señor.

Oremos:

Padre Celestial, te pedimos claridad en medio de tanta confusión alrededor de nosotros, en medio de tanto engaño del enemigo. Que podamos tener claridad para saber que podemos colocar nuestras vidas directamente en tus manos, que podamos ser hechos limpios y puros no importa el costo, de manera que podamos ser limpios y útiles en tu reino.

Te lo pedimos en el nombre de nuestro Señor Jesucristo. Amén.

Capítulo Cuatro

El rey Acab va de mal en peor

1 Reyes 20

1 Entonces Ben-adad rey de Siria junto a todo su ejército, y con él treinta y dos reyes, con caballos y carros: y subió, y puso cerco a Samaria, y la combatió.

Samaria no era Jerusalén. Esta era la capital de las diez tribus de Israel, que se había separado de Judá y de Benjamín cuando Jeroboam se rebeló contra Roboam, el hijo de Salomón.

En este tiempo Jeroboam inició su propia religión, la cual incluía su versión falsificada de la Fiesta de los Tabernáculos. Su fiesta era celebrada en el octavo mes en vez del séptimo mes, como la fiesta de Dios. Él incorporó sus propios altares y becerros de oro en Bet-el y Dan. Con tales prácticas en su lugar, los reyes de Israel gobernaron al pueblo en medio de gran engaño y apostasía con Acab siendo el más malvado entre ellos.

Los hechos de Jeroboam fueron para Israel lo que la apostasía de Roma y Constantinopla fueron en la historia de la iglesia. Ambos establecen el escenario para guerras brutales, y en el caso de la iglesia, la llevó a las Cruzadas y a la Inquisición Española (entre muchos otros desastres).

Israel tenía lo suficiente de una conexión con Dios que el enemigo quiso acabar con ellos, excepto que ellos carecían de la medida plena de la gracia de Dios como para estar bien protegidos. Muchos en Israel y en la Iglesia están en una situación similar hoy.

Acab tenía en ciertas ocasiones la tendencia de querer agradar a Dios, pero él tenía un serio y fundamental problema. Él había hecho una alianza con el enemigo a través del matrimonio y su malvada esposa Jezabel, no podía tolerar a ningún verdadero profeta de Dios. Ella intentó matar a todos los profetas del SEÑOR e imponer el culto a Baal en todo Israel.

El culto a Baal era más grave que los becerros de oro que ya estaban en medio de ellos. Las diez tribus de Israel (conocidas como el reino del norte) pecaron hasta agotar su día de gracia y fueron eventualmente vencidas y llevadas en cautividad por sus enemigos hasta que su identidad natural y espiritual se perdió. Esto es muy similar a lo que ha sucedido a muchas naciones e imperios a lo largo de toda la historia. ¡América tenga cuidado!

A medida que la nación era conducida a la destrucción, Dios obró a través de los profetas para redimir a los individuos tratando de volcar la situación.

Ben-adad, el rey enemigo, atacó a Acab

> 2 Y envió mensajeros a la ciudad a Acab rey de Israel, diciendo:
>
> 3 Así ha dicho Ben-adad: Tu plata y tu oro es mío, y tus mujeres y tus hijos hermosos son míos.
>
> 4 Y el rey de Israel respondió, y dijo: Como tú dices, rey señor mío, yo soy tuyo, y todo lo que tengo.
>
> 5 Y volviendo los mensajeros otra vez, dijeron: Así dijo Ben-adad: Yo te envié a decir: Tu plata y tu oro, y tus mujeres, y tus hijos me darás.
>
> 6 Además mañana a estas horas enviaré yo a ti mis siervos, los cuales escudriñarán tu casa, y las casas de tus siervos; y tomarán con sus manos, y llevarán todo lo precioso que tuvieres.
>
> 7 Entonces el rey de Israel llamó a todos los ancianos de la tierra, y les dijo: Entended, y ved ahora cómo este no busca sino mal; pues que ha enviado a mí por mis mujeres y mis hijos, y por mi plata y por mi oro; y yo no se lo he negado.
>
> 8 Y todos los ancianos y todo el pueblo le respondieron: No le oigas, ni hagas lo que te pide.

¿Qué tenían Acab y sus siervos en sus casas que no querían perder? Acab estaba dispuesto a dar sus mujeres y sus hijos, su plata y su oro, pero no quería permitir que su enemigo escudriñara su casa, y él no era el único. Los ancianos y el pueblo no querían que sus casas fueran registradas.

¿Qué podía haber sido más importante para ellos que esposas, hijos, plata y oro? Eran sus ídolos.

Encontramos un ejemplo de esto que nos regresa a cuando Jacob (Israel más tarde) dejó la tierra de su tío Labán, abruptamente con sus esposas, hijos, y ganado. Antes que ellos salieran, su esposa Raquel se robó los ídolos de la casa de su padre. En este relato, vemos que los ídolos eran más importantes para Labán que cualquier otra cosa, incluyendo sus hijos y nietos (Génesis 31:17–35).

¿Qué ídolos tenemos? En muchas iglesias hoy, el culto es una mezcla de las cosas de Dios y las cosas del mundo. Esto es muy similar a Samaria. Los nombres y formas de los ídolos pueden cambiar, pero las fuerzas espirituales de maldad detrás de ellos permanecen igual.

Así, a pesar de cómo son llamados nuestros ídolos modernos, tenga la seguridad que los mismos demonios están detrás de ellos. Nosotros también podemos estar seguros que los ídolos están siendo usados para controlar al pueblo y mantenerlos separados de Dios. A los ojos de Dios, esto es una abominación y eventualmente, retirará su presencia y protección a menos que ocurra un arrepentimiento genuino.

> 9 Entonces él respondió a los embajadores de Ben-adad: Decid al rey mi señor: Haré todo lo que mandaste a tu siervo al principio; mas esto no lo puedo hacer. Y los embajadores fueron, y le dieron la respuesta.
>
> 10 Y Ben-adad tornó a enviarle a decir: Así me hagan los dioses, y así me añadan, que el polvo de Samaria no bastará a los puños de todo el pueblo que me sigue.
>
> 11 Y el rey de Israel respondió, y dijo: Decidle, que no se alabe el que se ciñe, como el que ya se desciñe.
>
> 12 Y cuando él oyó esta palabra, estando bebiendo con los reyes en las tiendas, dijo a sus siervos: Poned. Y ellos se pusieron contra la ciudad.

> 13 Y he aquí un profeta vino a Acab rey de Israel; y le dijo: Así ha dicho el SEÑOR: ¿Has visto esta gran multitud? He aquí yo te la entregaré hoy en tu mano, para que conozcas que yo soy el SEÑOR.

¿Quién era este profeta desconocido? Su estilo de ministerio parece muy similar al que más tarde es identificado con Eliseo. Este no era un mensaje de arrepentimiento o algo más. El pueblo de Dios, en su estado confuso y contaminado, estaba completamente rodeado por un enemigo bastamente superior, ¡y Dios decidió enviar a su profeta con un mensaje de liberación y victoria!

Este mismo tipo de cosas sucedió repetidamente durante el deterioro del imperio Romano, y esto también sucedió durante la decadencia del Imperio Británico. Esto parece estar sucediendo ahora con el cada vez menor poder Norteamericano. Sin embargo, hay un límite.

> 14 Y respondió Acab: ¿Por mano de quién? Y él dijo: Así dijo el SEÑOR: Por mano de los criados de los príncipes de las provincias. Y él tornó a decir: ¿Quién comenzará la batalla? Y él respondió: Tú.
>
> 15 Entonces él reconoció a los criados de los príncipes de las provincias, los cuales fueron doscientos treinta y dos. Luego reconoció a todo el pueblo, todos los hijos de Israel, que fueron siete mil.

Dentro de la fortaleza amurallada de Samaria vivían cientos de miles de personas. Solamente siete mil salieron de la ciudad para combatir al enemigo. ¿Podrían ellos ser los siete mil mencionados en el capítulo anterior? Dios le prometió a Elías que él haría que quedarían siete mil en Israel (todos los que no doblaron sus rodillas ante Baal y cada boca que no lo besó).

> 16 Y salieron a mediodía. Y estaba Ben-adad bebiendo, borracho en las tiendas, él y los reyes, los treinta y dos reyes que habían venido en su ayuda.
>
> 17 Y los criados de los príncipes de las provincias salieron los primeros. Y Ben-adad había enviado a uno quien le dio aviso, diciendo: Varones han salido de Samaria.

18 Él entonces dijo: Si han salido por paz, tomadlos vivos; y
si han salido para pelear, tomadlos vivos.

Ben-adad estaba borracho y para él siete mil hombres no parecían ser de mucha amenaza para sus vastas fuerzas. Estamos en un momento en la historia moderna cuando muchos de los líderes del pueblo de Dios están en una situación similar a Acab. Con aparente buenas intenciones, ellos siguen casados con un sistema religioso tan perverso como Jezabel.

Y créalo o no, hemos llegado a un círculo completo en la historia, hasta que una vez más el "rey" de Siria y sus amigos, aliados y enemigos sean todos los principales actores en el escenario mundial. Las líneas de batalla naturales son muy similares a donde estaban en el libro de los Reyes; las líneas de batalla espiritual en relación a la infiltración del enemigo dentro del campo del pueblo de Dios son exactamente casi igual.

Viendo la comprometida y contaminada situación de algunos del pueblo de Dios hoy, uno podría pensar que no hay mucha posibilidad de que Dios los respalda. Las fuerzas del mundo corrupto alrededor nuestro están contra el pueblo de Dios y están haciendo grandes avances por todos lados. Pero nada pasa desapercibido para Dios. Él oye a nuestros enemigos cuando hablan mal contra él y usan su nombre como si no fuera nada. Esto no pasa desapercibido cuando ellos blasfemen y se declaren en acuerdo con las abominaciones que tienen lugar en todas partes.

Esto es similar a algunas de las últimas declaraciones hechas por ciertos líderes nacionales. Veremos qué sucederá. Dios podría decidir meter su mano en estos asuntos, aun cuando muchos de su pueblo, junto con muchos en nuestra nación, no merecen sus intervenciones.

En el caso del Rey Acab, Dios intervino dos veces seguidas, derrotando al enemigo cuando Israel no merecía victorias. Aun así Acab no cambio de rumbo. Sin embargo, recuerda un remanente de personas humildes en el reino formado por siete mil que no doblaron sus rodillas ante Baal. Tal vez, Dios trajo las victorias para ellos, porque en el reino de Dios, el menor es realmente el más grande a los ojos de Dios.

Algunos de nosotros podemos pensar que no somos nada, que somos insignificantes y no merecemos tener a que Dios actúe a nuestro favor. Verdaderamente ninguno de nosotros "merece" el favor de Dios, pero si nuestros corazones están limpios y no hemos doblado nuestras rodillas ante el dios de este mundo, Dios puede sorprendernos. Aún si solamente un pequeño remanente queda, Dios puede darnos la victoria. Sodoma pudo haber sido salva si solamente diez hombres justos fueran hallados allí, pero tristemente había solamente uno. En los días de Jeremías, Dios habría guardado a Jerusalén por un solo hombre justo, y no había ninguno.

> 19 Salieron, pues, de la ciudad los criados de los príncipes de las provincias, y en pos de ellos el ejército.
>
> 20 E hirió cada uno al que venía contra sí; y huyeron los sirios, siguiéndolos los de Israel. Y el rey de Siria, Ben-adad, se escapó en un caballo con alguna gente de caballería.
>
> 21 Y salió el rey de Israel, e hirió la gente de a caballo, y los carros; y deshizo a los sirios con grande estrago.
>
> 22 Vino luego el profeta al rey de Israel y le dijo: Ve, fortalécete, y considera y mira lo que has de hacer; porque pasado el año, el rey de Siria ha de venir contra ti.

Dios esperaba que el Rey Acab e Israel se apartaran completamente de sus ídolos, se volvieran a él, y reconocieran que solamente él podría mantenerlos a salvo.

> 23 Y los siervos del rey de Siria le dijeron: Sus dioses son dioses de los montes, por eso nos han vencido; mas si peleáremos con ellos en la llanura, se verá si no los vencemos.
>
> 24 Haz pues así: Saca a los reyes cada uno de su puesto, y pon capitanes en lugar de ellos.
>
> 25 Y tú, fórmate otro ejército como el ejército que perdiste, caballos por caballos, y carros por carros; luego pelearemos con ellos en campo raso, y veremos si no los vencemos. Y él les dio oído, y lo hizo así.

> 26 Pasado el año, Ben-adad reconoció los sirios, y vino a Afec a pelear contra Israel.
>
> 27 Y los hijos de Israel fueron también reconocidos (contados), y tomando provisiones les fueron al encuentro; y acamparon los hijos de Israel delante de ellos, como dos rebañuelos de cabras; y los sirios llenaban la tierra.
>
> 28 Vino entonces el varón de Dios al rey de Israel y le habló diciendo: Así dijo el SEÑOR: Por cuanto los sirios han dicho, el SEÑOR es Dios de los montes, no Dios de los valles, yo entregaré toda esta gran multitud en tu mano, para que conozcáis que yo soy el SEÑOR.
>
> 29 Siete días estuvieron acampados los unos delante de los otros, y al séptimo día se dio la batalla; y mataron los hijos de Israel de los sirios en un día cien mil hombres de a pie.

¿Dónde estamos hoy en la historia humana registrada? Estamos al final de seis mil años con el mundo en las manos del diablo. Estamos entrando en el séptimo milenio, el cual es el séptimo día profético. Recuerde que mil años son como un día para el Señor (Salmo 90:4; 2 Pedro 3:8). Estamos entrando en un tiempo cuando habrá batallas definitivas (en ambos ámbitos, tanto en el ámbito espiritual como en el ámbito natural) en relación al futuro del pueblo de Dios y el futuro del sistema de este mundo.

> 30 Los demás huyeron a Afec, a la ciudad; y el muro cayó sobre veintisiete mil hombres que habían quedado. También Ben-adad vino huyendo a la ciudad, y se escondía de cámara en cámara.
>
> 31 Entonces sus siervos le dijeron: He aquí, hemos oído de los reyes de Israel, que son reyes misericordiosos; pongamos pues ahora cilicio en nuestros lomos, y sogas en nuestras cabezas, y salgamos al rey de Israel; por ventura te dará la vida.

¿De qué se trata realmente la batalla? La pelea es contra el diablo, pero también es entre el hombre viejo carnal y el nuevo hombre en Cristo. La lucha en la que estamos ahora, no es con caballos y carros y espadas. Es una lucha por los corazones, y por las almas.

Esta es una lucha donde Dios no desea que nosotros perdonemos a ciertos enemigos — tal como el hombre viejo en Adán. Si el hombre viejo con su vieja naturaleza no es puesto a muerte por el Espíritu de Dios en cada uno y todos nosotros, no podremos entrar en nuestra heredad en Cristo. La heredad en Cristo no es para el hombre viejo; esta es solamente para el hombre nuevo. Por tanto, con esto en mente, considere el gran error que cometió Acab después que Dios le ayudó a vencer a su enemigo.

> 32 Ciñieron pues sus lomos de cilicio, y sogas en sus cabezas, y vinieron al rey de Israel, y le dijeron: Tu siervo Ben-adad dice: Te ruego que viva mi alma. Y él respondió: Si él vive aún, mi hermano es.
>
> 33 Esto tomaron aquellos hombres por buen agüero, y presto tomaron esta palabra de su boca, y dijeron: ¡Tu hermano Ben-adad! Y él dijo: Id, y traedle. Ben-adad entonces se presentó al rey de Israel, y él le hizo subir en el carro.

¡Ellos creyeron en agüeros y parece que el Rey Acab también lo hizo! En el mundo y en muchos de la iglesia, los que se sienten cargados por el pecado, cuando son confrontados con la realidad de su pecado, aceptan que se equivocaron.

Ellos están dispuestos a renunciar a los síntomas de su problema (adulterio, robo, etc.), pero algunos nunca permiten un golpe mortal a la raíz.

> 34 Y le dijo Ben-adad: Las ciudades que mi padre tomó al tuyo, yo las restituiré; y haz plazas en Damasco para ti, como mi padre las hizo en Samaria; y yo me iré de ti confederado. Y el rey de Israel hizo pacto con él, y lo envió.

En la ley de Dios, los reyes de Israel son amonestados de no confiar en caballos o en carros. Pero Acab tenía carros magníficos; él tenía una maquinaria religiosa, política y económica respaldada por la carne (el hombre natural) y no estaba temeroso de hacer alianza con su enemigo e incluso invitarlo a subir a su carro.

Como Samaria había pagado tributo a Damasco, ahora Damasco pagaría tributo a Samaria. Ben-adad significa "hijo de poder", y Ben-adad estaba ahora ofreciendo compartir su perverso poder con Acab, ¡el rey más perverso en la historia de Israel!

Aquí es donde el problema se presenta. Aun cuando Dios le dio a Acab la victoria, Acab prefirió hacer alianza con el enemigo en vez de obedecer a Dios. A lo largo de toda la historia, cuando Dios puso la victoria en manos de líderes del pueblo de Dios, la mayoría no fueron capaces de desistir de las prácticas que Dios les advirtió que no participaran.

En vez de eso, como Acab, prefirieron unirse con el enemigo, en vez de obedecer a Dios *completamente.* El rey Saúl provee un ejemplo de un error similar con Agag, el rey de Amalec (1 Samuel 15:9).

> 35 Entonces un varón de los hijos de los profetas dijo a su compañero por palabra de Dios: Hiéreme ahora. Mas el otro varón no quiso herirle.
>
> 36 Y él le dijo: Por cuanto no has escuchado la voz del SEÑOR, he aquí apartándote de mí, te herirá un león. Y cuando se apartó de él, le salió al encuentro un león, y le hirió.
>
> 37 Luego se encontró con otro varón, y le dijo: Hiéreme ahora. Y el hombre le dio un golpe, y le hizo una herida.
>
> 38 Y el profeta se fue, y se puso delante del rey en el camino, y se disfrazó con un velo sobre los ojos.
>
> 39 Y cuando el rey pasaba, él dio voces al rey, y dijo: Tu siervo salió entre la tropa; y he aquí apartándose uno, me trajo un hombre, diciendo: Guarda a este hombre, y si llegare a faltar, tu vida será por la suya, o pagarás un talento de plata.
>
> 40 Y cuando tu siervo estaba ocupado a una parte y a otra, él desapareció. Entonces el rey de Israel le dijo: Esa será tu sentencia: tú la has pronunciado.
>
> 41 Entonces él se quitó presto el velo de sobre sus ojos, y el rey de Israel conoció que era de los profetas.
>
> 42 Y él le dijo: Así dijo el SEÑOR: Por cuanto soltaste de su mano el varón de mi anatema, tu vida será por la suya, y tu pueblo por el suyo.

> 43 Y el rey de Israel se fue a su casa triste y enojado, y llegó a Samaria.

Cuando Acab recibió la victoria de parte de Dios sobre sus inmediatos enemigos, él cometió un error fundamental. Él pensó que la liberación sobrenatural de Dios era una señal de la aprobación de Dios hacia él y su administración. Este tipo de percepción se ha convertido en un enorme problema hoy en día.

Dios, en su misericordia, ha mostrado mucho favor y librado a mucha gente que no ha entendido las verdaderas razones detrás de lo que él ha hecho.

El malentendido se basa en el hecho que ellos perciben el milagro, bendición, o liberación que ellos experimentan como una señal de la aprobación de Dios de ellos y su estilo de vida, aunque ellos están operando claramente en la naturaleza caída de Adán. Ellos no ven que Dios está yendo a distancias extremas para demostrar su amor y carácter o que él merezca su devoción y respeto total.

Acab perdió completamente la lección que Dios tuvo para él. Además de perdonar a Ben-adad (símbolo del hombre viejo y la vieja naturaleza bajo el control del diablo), en vez de arrepentirse y volverse a Dios, Acab se unió con Ben-adad (quien era el anatema para Dios) por hacer un pacto con él.

Cuando el hombre viejo, la vieja naturaleza es atrapado en un rincón, es capaz de algunas negociaciones extremadamente convincentes. Ben-adad se vistió de cilicio y rogó por su vida, y Acab se sintió magnánimo invitándolo a su carro y tratar con él. Sin embargo, no se dio cuenta que permitir que su enemigo saliera libre le costaría eventualmente su propia vida y la libertad de su pueblo. Si el hombre viejo continúa viviendo en nosotros, el Señor Jesucristo no puede reinar en nosotros y a través de nosotros. Es así de sencillo. Si continuamos permitiendo que el hombre viejo viva, nunca podremos entrar en la heredad que Dios tiene para nosotros.

Podemos vivir a través de victorias a lo largo del camino; podemos tener experiencias sobrenaturales; Dios puede liberarnos con su mano poderosa, como él hizo con los hijos de Israel cuando los sacó de Egipto. Cuando Dios liberó a Israel de Egipto, él demostró su poder y sustentó a su pueblo milagrosamente en el desierto.

Pero esa generación no creyó ni obedeció a Dios, y como resultado, todos murieron en el desierto con la excepción de dos hombres (Josué y Caleb). Solo dos personas de millones que habían, entraron en la tierra prometida. La verdadera heredad de la plenitud de la vida de Cristo no puede ser compartida con el hombre viejo.

La historia de Acab va de mal en peor en medio de una tremenda gracia y misericordia de parte de Dios sobre el más perverso rey en la historia de Israel. Dios continuó entregando su mensaje a través de un ministerio profético directo en un intento exhaustivo para llevar a Acab al arrepentimiento. Esta es una verdadera indicación del corazón de Dios, porque él no está deseando que alguno perezca. Pero Acab no se arrepintió. Él no recibió la verdad. En vez de eso, él escogió tomar el consejo de su esposa, y esto resultó ser fatal. Adán hizo algo muy similar.

Estamos viviendo en un tiempo cuando muchos son engañados, porque no están dispuestos a recibir la verdad. La única manera de que seamos salvados del engaño es abrazar al Señor Jesucristo de tal manera que el hombre de pecado, el hombre natural, el hombre viejo, no tenga lugar para esconderse.

Si persistimos y vivimos en la presencia de Dios, la presencia de Dios matará al hombre viejo. Cada uno de nosotros es un campo de batalla para esta guerra. La apariencia exterior puede ser muy engañosa. Así es como Acab, por la gracia de Dios, repetidamente ganó una batalla, pero luego perdió la guerra.

Uno de mis amigos era líder de una gran organización cristiana. Él gastó mucho tiempo, dinero, y esfuerzo construyendo instalaciones seguras.

Él puso una guardia armada a la entrada, vigilancia de seguridad por video alrededor del terreno, y cada empleado usaba un dispositivo electrónico que les permitía acceso a un área específica. Su organización estaba preparada para un ataque terrorista o un ataque de un pistolero fuera de juicio. Pero ese no fue el tipo de ataque que derribó a mi amigo. El verdadero ataque del enemigo era completamente diferente. El diablo utilizó un ataque interno muy sutil por la vieja naturaleza carnal para derrotar a mi amigo con efectividad devastadora.

Pero esto no es nada comparado a lo que está pasando con la nación entera de los Estados Unidos, la cual es paranoica acerca de la seguridad y la defensa, mientras medidas de seguridad extremas están siendo tomadas en aeropuertos, fronteras, e incluso en tribunales e instalaciones gubernamentales.

Por favor no me malinterprete. No estoy en contra de precauciones de seguridad razonables. Sin embargo, señalaría que ya hemos sido invadidos. Los demonios ya están dentro de nuestra nación (incluso dentro de muchas iglesias), y tienen casi el control completo. La paranoia en relación a nuestra seguridad externa nunca podrá defendernos verdaderamente de nuestra amenaza más peligrosa. El espíritu de este mundo ya está en control de la mayoría de nuestras universidades y escuelas. Ya está en control de la mayor parte de Washington D.C.

Jesús meditaba, *cuando el Hijo del hombre viniere, ¿Hallará fe en la tierra?* (Lucas 18:8).

La tierra está todavía bajo maldición, y mientras está bajo maldición es imposible producir buen fruto. El único lugar posible para encontrar buen fruto (como la fe) es donde no está presente la maldición. El único lugar ahora mismo, donde no existe maldición es en la vida de Cristo.

Esta es la verdadera historia de Elías y Eliseo.

¿Encontrará Jesús fe en nosotros cuando regrese? Él dijo que nos conocería por el fruto. Solamente la vida de Jesucristo produce buen fruto, y el desea vivir dentro de nosotros y tomar completo control de todo nuestro ser.

La trágica historia de Acab demuestra una vez más que no es suficiente tener dones, ministerio y liderazgo. El fruto del Espíritu es esencial, y no es algo que puede ser manufacturado por el hombre. Sabemos que el Señor Jesús ya ganó la guerra, y él desea empoderarnos por medio de su Espíritu para caminar en su victoria. Esta es la batalla que actualmente está siendo combatida.

Si el SEÑOR no edificare la casa, en vano trabajan los que la edifican; si el SEÑOR no guardare la ciudad, en vano vela la guardia. (Salmo 127:1)

Oremos:

Padre Celestial, te pedimos claridad, de manera que podamos dejar nuestros deseos y aspiraciones a un lado y voluntariamente hagamos tu voluntad sin importar el costo. Que podamos estar dispuestos a rendir el hombre viejo sobre tu altar y desistir de cualquier negociación de último minuto para mantenerlo vivo.

Te lo pedimos en el nombre de nuestro Señor Jesucristo. Amén.

Capítulo Cinco

La viña de Nabot

El Rey Acab estaba pataleando. Él había ido de mal en peor a pesar de las increíbles manifestaciones de la misericordia y la gracia de Dios. Como muchos de nosotros, él malinterpretó las razones detrás de los tratos de Dios con él, porque él permaneció totalmente enfocado en sí mismo. Las cosas llegaban a una crisis y el verdadero estado de su corazón estaba a punto de ser revelado.

Acab se había casado con Jezabel. Ella continuamente combatía contra los profetas de Dios, aún después que el Señor envió a Elías a confrontar los profetas de Baal y después que los profetas de Baal fueron destruidos. En medio de la terrible apostasía en Israel, Dios sobrenaturalmente liberó la nación en dos ocasiones por el remanente fiel de siete mil personas que no habían doblado su rodilla ante Baal.

Después de la segunda victoria, cuando Acab tuvo la oportunidad de matar al rey enemigo de una vez por todas, se unió con el enemigo, Dios no estaba complacido. Esta es una lección para todos nosotros, porque de una manera o de otra todos estamos involucrados en esta guerra.

Cada uno de nosotros tiene una cierta autonomía o dominio propio, el cual puede ser comparado a los reyes en el sentido de que cada uno de nosotros es el rey sobre nuestras propias vidas.

Si decidimos no seguir al Señor, estaremos sujetos a las consecuencias de no seguir al Señor. Si decidimos abrazar las mentiras del enemigo, seremos engañados, y nuestra situación se empeorará.

Las decisiones que cada uno de nosotros hacemos tienen un efecto sobre el presente y sobre el futuro. Nuestras decisiones pueden afectar a nuestras familias y amigos, y pueden afectar a nuestros enemigos. Ellas aun pueden traer consecuencias que afectarán a generaciones en el futuro. Por esta razón, nuestras decisiones son extremadamente importantes.

Las decisiones de estos reyes de Israel están escritas en las Escrituras (junto con sus consecuencias) para nuestra edificación, de modo que podamos aprender de su experiencia. *Pasados estos negocios, aconteció …* (1 Reyes 21:1)

¿Cuáles negocios? Después que Dios liberó a Israel milagrosamente dos veces mientras la nación estaba experimentando una prosperidad sin precedentes y la apostasía bajo el rey más malo en su historia, el mismo rey Acab se unió junto la nación de Israel con el rey enemigo.

1 Reyes 21

> 1 Pasados estos negocios, aconteció que Nabot de Jezreel tenía en Jezreel una viña junto al palacio de Acab rey de Samaria.

Jezreel significa "el SEÑOR siembra" y las Escrituras ahora describen a Acab como rey de Samaria (que significa guarda o vigilante) en vez de rey de Israel (el que prevalece con Dios).

Acab está ahora degradado a un simple siervo o mozo en vez de un príncipe con Dios.

> 2 Y Acab habló a Nabot, diciendo: Dame tu viña para un huerto de legumbres, porque está cercana, junto a mi casa, y yo te daré por ella otra viña mejor que esta; o si mejor te pareciere, te pagaré su valor en dinero.
>
> 3 Y Nabot respondió a Acab: Guárdeme el SEÑOR de que yo te dé a ti la heredad de mis padres.

Acab no tenía el concepto de "el SEÑOR me guarde". El hacia las cosas de acuerdo a su propio impulso, y el deseaba la viña de Nabot. En Israel la propiedad pasaba cuidadosamente de padre a hijo y era símbolo de la bendición de Dios sobre cada familia. Cada heredad había sido aprobada desde el tiempo de Josué y la conquista de Canaán.

Si algún Israelita se endeudaba y tenía que hipotecar su tierra, esta solamente podía ser vendida hasta el año de Jubileo, tiempo en el cual toda propiedad regresaba a su dueño original. Obviamente, en los años de los reyes como Acab, ellos no estaban practicando los años de Jubileo (cada cincuenta años), y omisiones como esta se acumulaban en contra de ellos delante del SEÑOR.

En la viña de Nabot, la cuál era su heredad de parte del SEÑOR, la viña es un símbolo de la vida de Dios. Así que, simbólicamente, esta fue la manera dada por Dios a Nabot para cultivar la misma vida de Dios. Acab, el hombre carnal, deseaba tomar esto para el mismo y convertirlo en un huerto de legumbres. A primera vista, esto puede parecer ingenuo, pero en agricultura, existen tres etapas: primero la hoja (la hierba), luego la flor, y finalmente el fruto. El hombre natural, carnal en su estado caído es como un animal (bestia). La única cosa que puede entender acerca de Dios es la parte que tiene que ver con la hoja (o hierba).

Él es como un animal que come hierba y engorda. El hombre natural intenta tomar las cosas de Dios para engordarse él mismo. Él quiere usar a Dios para conseguir más y más las cosas de este mundo.

En el ámbito natural de los judíos bajo la ley, si ellos fueran diligentes ellos prosperaban en el nivel natural. Esto es verdad aun hoy día. Los judíos que no han aceptado al Señor Jesús y no entienden el verdadero significado de la flor y el fruto continúan prosperando en las cosas de este mundo. Esto también sucede en relación a muchos que se llaman cristianos, pero son carnales.

La meta de Dios para nosotros no es engordarnos a nosotros mismos en las cosas de este mundo. Más bien, es prosperarnos en la vida de Dios. Por consiguiente, puede ser mejor tener menos de este mundo, si esto causa que se intensifique nuestra búsqueda por el Señor. La persona con escasa salud puede prosperar espiritualmente mucho más allá que la persona que tiene perfecta salud y nunca ha tenido un problema. Solamente Dios lo sabe.

Si ponemos a Dios primero en cada nivel de nuestra existencia, las cosas no necesariamente funcionarán perfectamente para nosotros en este mundo. Tendremos pruebas y tribulaciones, y Dios usará los problemas para acercarnos a él y limpiar nuestros corazones delante de él.

Una vez que él purifique nuestros corazones (es imposible para él hacer esto sin nuestra plena cooperación), él será capaz de prosperarnos en todo, y nos irá bien. El conoce nuestros corazones aun si guardamos o no pequeñas manchas que pertenecen a la vieja naturaleza. Dios también conoce como nos afectaría la prosperidad en las cosas de este mundo y si esto resultará en corrupción o crecimiento.

La viña era una prueba para Nabot y también para Acab. Nabot significa "frutos" e implica madurez. Aquí Acab está intentando socavar la fecundidad de Nabot. Aquellos como Acab, que son inmaduros y llenos de envidia, confrontarán y vendrán contra los que están acercándose a la madurez en Cristo. Aquellos como Acab pueden parecer ser muy dotados en lo exterior, pero no tienen absolutamente escrúpulos.

> 4 Y vino Acab a su casa triste y enojado, por la palabra que Nabot de Jezreel le había respondido, diciendo: No te daré la heredad de mis padres. Y se acostó en su cama, y volvió su rostro, y no comió pan.

Acab estaba actuando como un niño malcriado, aunque era rey. Las consecuencias de su egoísmo y orgullo estaban por afectar el legado de su dinastía entera junto con la nación.

> 5 Y vino a él su mujer Jezabel, y le dijo: ¿Por qué está tan triste tu espíritu, y no comes pan?
>
> 6 Y él respondió: Porque hablé con Nabot de Jezreel, y le dije que me diera su viña por dinero, o que, si más quería, le daría otra viña por ella; y él respondió: Yo no te daré mi viña.
>
> 7 Y su mujer Jezabel le dijo: ¿Eres tú ahora rey sobre Israel? Levántate, y come pan, y alégrate; yo te daré la viña de Nabot de Jezreel.
>
> 8 Entonces ella escribió cartas en nombre de Acab, y las selló con su anillo y las envió a los ancianos y a los principales que moraban en su ciudad con Nabot.

La responsabilidad de esto caía directamente sobre Acab, aunque parecía que Jezabel era la culpable. Observe que las cartas fueron selladas con el sello del anillo de Acab. Por consiguiente, Acab era el responsable.

> 9 Y las cartas que escribió decían así: Proclamad ayuno, y poned a Nabot a la cabecera del pueblo;
>
> 10 y poned dos hombres, hijos de Belial, delante de él, que atestigüen contra él, y digan: Tú has blasfemado a Dios y al rey. Y entonces sacadlo, y apedreadlo, para que muera.

Los hijos de Belial eran hijos del diablo (Satanistas), un significado abiertamente reconocido de este término. Acab, el rey de Israel, del pueblo de Dios, autorizó esta abominación cuando las cartas fueron selladas con su anillo. Hoy, en algunos medios religiosos, ellos no tienen que matar a las personas como Nabot, los rumores y la difamación son suficientes.

> 11 Y los de su ciudad, los ancianos y los principales que moraban en su ciudad, lo hicieron como Jezabel les mandó, conforme a lo escrito en las cartas que ella les había enviado.
>
> 12 Y promulgaron ayuno, y asentaron a Nabot a la cabecera del pueblo.
>
> 13 Vinieron entonces los dos hombres, hijos de Belial, y se sentaron delante de él; aquellos hombres de Belial atestiguaron contra Nabot delante del pueblo, diciendo: Nabot ha blasfemado a Dios y al rey. Y lo sacaron fuera de la ciudad, y lo apedrearon con piedras, y murió.

Observe que Jezabel sabía exactamente en quien podría confiar, y todos los principales de la ciudad y los ancianos estaban de acuerdo con ella. Ninguno se opuso. Todos ellos habían vendido sus conciencias y ninguno levantó su voz de protesta. (Así es que muchos como Hitler obtuvieron el poder). Lo qué sucedió después resume esto:

> 14 Después enviaron a decir a Jezabel: Nabot ha sido apedreado y ha muerto.
>
> 15 Y cuando Jezabel oyó que Nabot había sido apedreado y muerto, dijo a Acab: Levántate y posee la viña de Nabot de Jezreel, que no te la quiso dar por dinero; porque Nabot no vive, sino que ha muerto.

Lo que Jezabel hizo con Nabot es muy similar a lo que ellos hicieron con Jesús y la mayoría de los apóstoles.

Las Escrituras aclaran que caerán consecuencias horrendas sobre la nación entera cuando es derramada sangre inocente, hasta que finalmente la tierra vomitará a sus habitantes, y la desolación se establecerá. Creo que hay una correlación directa entre el asesinato de carácter y los muchos edificios vacíos de la iglesia través de Europa y América.

> 16 Y oyendo Acab que Nabot había muerto, se levantó para descender a la viña de Nabot de Jezreel, para tomar posesión de ella.
>
> 17 Entonces vino palabra del SEÑOR a Elías tisbita, diciendo:
>
> 18 Levántate, desciende a encontrarte con Acab rey de Israel, que está en Samaria; he aquí él está en la viña de Nabot, a la cual ha descendido para tomar posesión de ella.

Dios envió a su profeta para confrontar a Acab. Dios está todavía en el negocio de confrontar a aquellos que siguen el camino de Acab (Apocalipsis 2:20–23).

> 19 Y le hablarás, diciendo: Así dijo el SEÑOR: ¿No cometiste homicidio y también has despojado? Y tornarás a hablarle, diciendo: Así dijo el SEÑOR: En el mismo lugar donde lamieron los perros la sangre de Nabot, los perros lamerán también tu sangre, la tuya misma.
>
> 20 Y Acab dijo a Elías: ¿Me has hallado, enemigo mío? Y él respondió: Te he encontrado, porque te has vendido a mal hacer delante del SEÑOR.

Este era un momento muy decisivo en la vida de Acab. Hasta este punto, él había hecho las cosas por impulso carnal y negligencia.

Por conveniencia, él había reversado las prioridades, pero ahora las Escrituras declaran: *Te has vendido a mal hacer delante del SEÑOR.* Hoy, en Israel, en la iglesia, y en América, ¿cuántos se han vendido para obrar mal ante los ojos del SEÑOR?

En vez de sacar ventaja y ser idiotas útiles que sin intención ayudan al verdadero enemigo de Israel, la iglesia y nuestra nación, y nuestras almas, ¿cuántos manifiestamente han atrapado una persona inocente con la intención de socavar su reputación, de modo que pudieran tomar algo que no era de ellos?

¿Qué tanto de esto ha pasado? Sé que esto sucede de forma común en el mundo, pero la triste verdad es que también ha estado sucediendo entre los que reclaman ser el pueblo de Dios. Escuche la Palabra del SEÑOR:

> 21 He aquí yo traigo mal sobre ti, y quemaré tu posteridad, y talaré de Acab todo meante a la pared, al guardado y al quedado en Israel.

Aquí está otra seria advertencia de Dios que cortará completamente la línea del hombre carnal, y natural (Génesis 6:5–7).

> Porque la malicia del hombre era mucha sobre la tierra, y que todo el intento de los pensamientos del corazón de ellos ciertamente era malo todo el tiempo.

Toda la raza de Adán está bajo juicio. La única salvación es hallada en Jesucristo. Es solamente por el poder del Espíritu Santo que podemos hacer morir las obras de la carne (Romanos 8:13).

Dios dice que el alma que peca ciertamente morirá.

> 22 Y yo pondré tu casa como la casa de Jeroboam hijo de Nabat, y como la casa de Baasa hijo de Ahías; por la provocación con que me provocaste a ira, y con que has hecho que Israel pecara.
>
> 23 De Jezabel también ha hablado el SEÑOR, diciendo: Los perros comerán a Jezabel en la barbacana de Jezreel.
>
> 24 El que de Acab fuere muerto en la ciudad, los perros lo comerán; y el que fuere muerto en el campo, lo comerán las aves del cielo.
>
> 25 (A la verdad ninguno fue como Acab, que se vendió para hacer lo malo delante de los ojos del SEÑOR; porque Jezabel su mujer lo incitaba.
>
> 26 Él fue en gran manera abominable, caminando en pos de los ídolos, conforme a todo lo que hicieron los amorreos, a los cuales lanzó el SEÑOR delante de los hijos de Israel).

> 27 Y acaeció cuando Acab oyó estas palabras, que rasgó sus vestidos, y puso cilicio sobre su carne, y ayunó, y durmió en cilicio, y anduvo humillado.
>
> 28 Entonces vino palabra del SEÑOR a Elías, el tisbita, diciendo:
>
> 29 ¿No has visto como Acab se ha humillado delante de mí? Pues por cuanto se ha humillado delante de mí, no traeré el mal en sus días; en los días de su hijo traeré el mal sobre su casa.

El corazón de Dios es muy sensible. Incluso en el caso del malvado Rey Acab, Dios estaba tan complacido cuando Acab se arrepintió que decidió no traer mal sobre la casa de Acab mientras Acab estuviera aún vivo. Esto también dio más tiempo a los hijos de Acab para arrepentirse, y en la misma forma, sus elecciones podían influenciar el corazón de Dios.

En este pasaje también vemos a Dios tratando a Elías como un amigo cercano. ¡Él no estaba solamente dando órdenes a Elías en este punto; él estaba compartiendo sus pensamientos, sentimientos y planes con Elías!

Esto ofrece esperanza para cualquiera que verdaderamente se humilla delante del SEÑOR. No importa que tan depravado, no importa que tanto mal ha hecho, todavía es posible mover el corazón de Dios entrando en un arrepentimiento genuino.

Los que continúan yendo en contra de su conciencia lenta pero seguramente pierden su discernimiento hasta que su razonamiento esté bocabajo. Muchos en el liderazgo hoy, han perdido todo sentido de dirección moral porque su brújula moral está ahora invertida. Esto provee ímpetu e impulso a ellos para aplicar tanta presión como sea posible a otros para vender también sus conciencias.

Nuestra conciencia (nuestra brújula moral que señala la verdad) es una de las cosas más importantes que hemos recibido de parte de Dios. Si no tomamos cuidado de esto, no terminaremos bien. Eso es así de sencillo.

Cada uno, no importa cuál sea su origen o educación, nace con una conciencia. Si seguimos nuestra conciencia, esta nos guiará a la verdad y a Dios. Cuanto más nos afirmemos en la verdad y rechacemos la mentira, más claro será todo hasta que el Espíritu Santo sea libre en nuestros corazones limpiando todo nuestro ser.

Oremos:

Señor, te damos gracias que todavía podemos percibir la luz y discernir la verdad. Pedimos que nuestra conciencia continúe siendo refinada por tu Espíritu Santo hasta que la Estrella de la Mañana esté resplandeciendo en nuestros corazones; hasta que un nuevo día de rectitud amanece sobre nosotros y sobre toda la humanidad. Amén

Capítulo Seis

La derrota del rey Acab es el punto de inflexión

1 Reyes 22

1 Moraron tres años sin guerra entre los sirios e Israel.

2 Y aconteció al tercer año, que Josafat rey de Judá descendió al rey de Israel.

3 Y el rey de Israel dijo a sus siervos: ¿No sabéis que es nuestra Ramot de Galaad? Y nosotros estamos quedados a tomarla de mano del rey de Siria.

4 Y dijo a Josafat: ¿Quieres venir conmigo a pelear contra Ramot de Galaad? Y Josafat respondió al rey de Israel: Como yo, así tú; y como mi pueblo, así tu pueblo; y como mis caballos, tus caballos.

Los dos reyes hicieron una alianza para combatir contra Siria. Este acuerdo obviamente rompería la alianza que Acab había hecho anteriormente con Ben-adad, el rey de Siria.

En los tiempos del reino dividido, el rey del sur de Judá estaba más cerca del Señor. Ellos tenían el templo en Jerusalén; tenían el sacerdocio Levítico y todavía conservaban en algo las fiestas del Señor. Las prácticas del paganismo infectaron el reino del norte (de Israel) y eventualmente los llevaron tan fuera del camino que las diez tribus de Israel se perdieron y desaparecieron por completo.

Esto fue como tener hoy una alianza hoy entre católicos y protestantes para ganar el mundo. (Esto no está lejos de la realidad hoy).

5 Y dijo luego Josafat al rey de Israel: Yo te ruego que consultes hoy la palabra del SEÑOR.

> 6 Entonces el rey de Israel juntó los profetas, como cuatrocientos varones, a los cuales dijo: ¿Iré a la guerra contra Ramot de Galaad, o la dejaré? Y ellos dijeron: Sube; porque el Señor la entregará en mano del rey.

Cuando Josafat usaba el nombre del SEÑOR en el versículo 5, él usó el nombre sagrado, el cual de acuerdo a la tradición no debía ser pronunciado. Este significa "YO SOY" en Hebreo. Pero cuando "los profetas" respondieron al rey, ellos usaron la palabra *Adonai,* la cual significa "Señor"– un término ambiguo en este contexto que podría referirse a Dios o Baal. Este cambio en la terminología no se perdió en Josafat que tiró esa pelota de vuelta a su tribunal.

> 7 Y dijo Josafat: ¿Hay aún aquí algún profeta del SEÑOR, por el cual consultemos?

Josafat volvió a usar el nombre sagrado del SEÑOR de nuevo y dejó claro que él deseaba escuchar un verdadero profeta del SEÑOR. Hoy el mundo religioso está lleno de profetas cuya palabra parece verdadera, pero la incertidumbre permanece. ¿Son ellos realmente profetas del SEÑOR?

> 8 Y el rey de Israel respondió a Josafat: Aun hay un varón por el cual podríamos consultar al SEÑOR. Micaías, hijo de Imla; mas yo le aborrezco porque nunca me profetiza bien, sino solamente mal. Y Josafat dijo: No hable el rey así.
>
> 9 Entonces el rey de Israel llamó a un eunuco, y le dijo: trae presto a Micaías hijo de Imla.

Muchos pasajes en las Escrituras se refieren solamente a un verdadero profeta y muchos falsos profetas.

Las Escrituras también declaran que *el testimonio de Jesús es el espíritu de la profecía* (Apocalipsis 19:10). La única profecía confiable es la que es enviada por Jesús a través del Espíritu Santo.

> 10 Y el rey de Israel y Josafat rey de Judá estaban sentados cada uno en su silla, vestidos de sus ropas reales, en la plaza junto a la entrada de la puerta de Samaria; y todos los profetas profetizaban delante de ellos.

> [11] Y Sedequías hijo de Quenaana se había hecho unos cuernos de hierro, y dijo: Así dijo el SEÑOR: Con estos acornearás a los sirios hasta acabarlos.

El hierro es símbolo de la ley. Muchos en ambos ámbitos, el secular y el religioso creen que la ley (o al menos sus leyes) nos darán la victoria sobre nuestros enemigos. Esta suposición no puede estar más lejos de la verdad.

> [12] Y todos los profetas profetizaban de la misma manera, diciendo: Sube a Ramot de Galaad, y serás prosperado; que el SEÑOR la dará en mano del rey.
>
> [13] Y el mensajero que había ido a llamar a Micaías, le habló diciendo: He aquí las palabras de los profetas a una boca anuncian al rey bien; sea ahora tu palabra conforme a la palabra de alguno de ellos, y anuncia bien.

El mensajero pensó que los mensajes entregados por todos los otros profetas eran buenos. Nunca se hizo evidente para él las serias consecuencias así fueran equivocadas.

> [14] Y Micaías respondió: Vive el SEÑOR, que todo lo que el SEÑOR me hablare, eso diré.
>
> [15] Vino, pues, al rey, y el rey le dijo: Micaías, ¿iremos a pelear contra Ramot de Galaad, o la dejaremos? Y él respondió: Sube, que serás prosperado, y el SEÑOR la entregará en mano del rey.
>
> [16] Y el rey le dijo: ¿Hasta cuántas veces he de conjurarte que no me digas sino la verdad en el nombre del SEÑOR?
>
> [17] Entonces él dijo: Yo vi a todo Israel esparcido por los montes, como ovejas que no tienen pastor; y el SEÑOR dijo: estos no tienen señor: vuélvase cada uno a su casa en paz.
>
> [18] Y el rey de Israel dijo a Josafat: ¿No te lo había yo dicho? Ninguna cosa buena profetizará él acerca de mí, sino solamente mal.
>
> [19] Entonces él dijo: Oye, pues, palabra del SEÑOR: Yo vi al SEÑOR sentado en su trono, y todo el ejército de los cielos estaba junto a él, a su diestra y a su siniestra.

> 20 Y el SEÑOR dijo: ¿Quién inducirá a Acab, para que suba y caiga en Ramot de Galaad? Y uno decía de una manera; y otro decía de otra.
>
> 21 Y salió un espíritu, y se puso delante del SEÑOR, y dijo: Yo le induciré. Y el SEÑOR le dijo: ¿De qué manera?
>
> 22 Y él dijo: Yo saldré, y seré espíritu de mentira en boca de todos sus profetas. Y él dijo: Le inducirás, y aun prevalecerás; sal pues, y hazlo así.
>
> 23 Y ahora, he aquí el SEÑOR ha puesto espíritu de mentira en la boca de todos estos tus profetas, y el SEÑOR ha decretado mal acerca de ti.
>
> 24 Entonces se acercó Sedequías hijo de Quenaana, e hirió a Micaías en la mejilla, diciendo: ¿Por dónde se fue de mí el espíritu del SEÑOR para hablarte a ti?
>
> 25 Y Micaías respondió: He aquí tú lo verás en aquel día, cuando te vayas metiendo de cámara en cámara para esconderte.
>
> 26 Entonces el rey de Israel dijo: Toma a Micaías, y llévalo a Amón gobernador de la ciudad, y a Joas hijo del rey;
>
> 27 y dirás: Así dijo el rey: Echad a este en la cárcel, y mantenedle con pan de angustia y con agua de angustia, hasta que yo vuelva en paz.
>
> 28 Y dijo Micaías: Si llegares a volver en paz, el SEÑOR no ha hablado por mí. En seguida dijo: Oíd, pueblos todos.

El Nuevo Testamento habla del engaño de la iniquidad obrando en los que perecen; porque ellos no recibieron el amor de la verdad para ser salvos (2 Tesalonicenses 2:10).

En el Antiguo Testamento, el rey Saúl recibió un espíritu malo enviado de parte del SEÑOR, cuando él rechazó la verdad (1 Samuel 16:14–15). El libro de Job describe una escena similar en los cielos *cuando los hijos de Dios vinieron a presentarse delante del SEÑOR, entre los cuales vino también Satanás* (Job 1:6). Incluso en su estado caído, Satanás debe respetar los límites que Dios colocó sobre él. A él le fue permitido afligir a Job de muchas maneras, pero Dios le dijo a Satanás que no podía tocar la vida de Job (Job 2:6).

Es claro que el espíritu de mentira que Dios puso en la boca de los profetas de Acab no era el Espíritu Santo, porque el Espíritu Santo es el Espíritu de la verdad.

> 29 Así subió el rey de Israel con Josafat rey de Judá a Ramot de Galaad.

Los historiadores modernos no están seguros de la ubicación exacta de Ramot de Galaad. Se cree que puede estar cerca de donde se juntan Siria, el Jordán y las Alturas del Golán. Era indudablemente un lugar estratégico fuera de los actuales límites de Israel.

Ambos reyes obviamente pensaron que era tan deseable para la seguridad y prosperidad de sus reinos que estaban dispuestos a iniciar una guerra mayor contra Siria.

Espiritualmente, Ramot de Galaad representa los lugares altos que están perdidos y actualmente fuera del alcance de la iglesia. Grandes sectores de cristianos (católicos, protestantes u ortodoxos) no parecen creer que es realmente posible vivir en victoria. Durante siglos, ellos han renunciado a los lugares altos para cederlos al enemigo; todavía sueñan con retomar lo que han percibido que han perdido en ambos ámbitos, el natural y el espiritual. Sin embargo, es imposible reconquistar este tipo de campo del enemigo sin estar limpios y sin estar bajo las órdenes directas del SEÑOR.

> 30 Y el rey de Israel dijo a Josafat: Yo me disfrazaré, y así entraré en la batalla; y tú vístete tus vestidos. Y el rey de Israel se disfrazó, y entró en la batalla.

El rey de Israel sabía que Ben-adad, el rey de Siria, estaría furioso con él por romper el pacto que habían hecho entre ellos tres años antes. Así que él se disfrazó antes de ir a la batalla, mientras animaba al rey de Judá a vestirse sus ropas reales. Acab se dio cuenta que el enemigo iría tras de Josafat en vez de él, porque Josafat sería claramente reconocible como un rey.

> 31 Mas el rey de Siria había mandado a sus treinta y dos capitanes de los carros, diciendo: No peleéis vosotros ni con grande ni con chico, sino contra el rey de Israel.

> 32 Y cuando los capitanes de los carros vieron a Josafat, dijeron: Ciertamente este es el rey de Israel; y vinieron contra él para pelear con él, mas el rey Josafat gritó.

Josafat quiere decir "a quien el SEÑOR juzga", él se dio cuenta que Acab le había hecho caer en una trampa y alzó la voz.

Este es un pasaje paralelo:

> Y cuando los capitanes de los carros vieron a Josafat, dijeron: Este es el rey de Israel. Y lo cercaron para pelear; mas Josafat clamó, y le ayudó el SEÑOR, y Dios los apartó de él. (2 Crónicas 18:31)

Aquí recogemos la historia en 1 Reyes 22:

> 33 Viendo entonces los capitanes de los carros que no era el rey de Israel, se apartaron de él.
>
> 34 Mas un varón disparando su arco en su perfección, hirió al rey de Israel por entre las junturas de la cota; por lo que dijo él a su carretero: Da la vuelta, y sácame del campo, que estoy herido.
>
> 35 La batalla había arreciado aquel día, y el rey estuvo en su carro delante de los sirios, y a la tarde murió; y la sangre de la herida corría al fondo del carro.
>
> 36 Y a la puesta del sol salió un pregón por el campamento, diciendo: ¡Cada uno a su ciudad, y cada cual a su tierra!
>
> 37 Murió, pues el rey, y fue traído a Samaria; y sepultaron al rey en Samaria.
>
> 38 Y lavaron el carro en el estanque de Samaria; lavaron también sus armas; {Heb. fornicaciones} y los perros lamieron su sangre, conforme a la palabra del SEÑOR que había hablado.

La palabra hebrea traducida aquí como *armadura* también puede ser *fornicaciones*. Entraré en más detalle después.

> 39 Los demás hechos de Acab, y todas las cosas que hizo, y la casa de marfil que edificó, y todas las ciudades que edificó, ¿no está todo escrito en el libro de las crónicas de los reyes de Israel?

> [40] Y durmió Acab con sus padres, y reinó en su lugar Ocozías su hijo.

Este fue el final del infame rey Acab, el rey más malvado en la historia de Israel. Aún así, Dios le concedió más tiempo cuando se humilló delante del SEÑOR. Sin embargo, este no fue un arrepentimiento completo. Por esta razón, él no tuvo suficiente discernimiento para reconocer la advertencia de Dios que vino a través del único y verdadero profeta, en vez de escuchar a los profetas contaminados que tenían un espíritu de mentira enviado de parte del SEÑOR.

En hebreo, la palabra para *vestiduras reales* y la palabra para una cota sin costura de malla de cadena que protegía a los reyes de Israel desde el cuello hasta abajo es la misma palabra. Cuando Acab decidió disfrazarse, esto quiere decir que él usó la armadura estándar para un combatiente típico de un carro. Esto consistía de un pectoral y una placa atrás unida en los lados por un arnés en cuero. Aquí fue donde la flecha penetró su armadura. Irónicamente, la palabra para *armadura común* que él usó y la palabra para *fornicaciones* es la misma palabra.

Espiritualmente esto es equivalente a disfrazarse de una manera que lo envió a la batalla sin una coraza de justicia o las armas de la fe y la verdad. En lugar de eso sus armas fueron descritas como "fornicaciones" debido a su estado sucio. Más adelante en la historia de Judá, el rey Josías llegó a un destino similar (2 Crónicas 35:20-24).

Por otra parte, Dios defendió al justo rey Josafat cuando entró en la batalla usando su armadura real, lo cual atrajo la atención de los capitanes enemigos.

Pregunta: Hoy tenemos personas que se consideran ser reyes sobre el pueblo de Dios, pero quienes todavía no están limpios.

¿Qué si ellos hacen cosas a su propia manera mientras consolidan su poder, y sus iglesias están llenas de profetas que profetizan que unirán al pueblo de Dios por el mundo entero para ganar una gran victoria en el nombre del Señor sobre las fuerzas del mal? ¿Cómo pueden ellos saber si un espíritu de mentira está en las bocas de todos sus profetas?

Lo que sí sabemos es que una verdadera voz profética de afuera de su círculo de influencia está diciendo, "todo esto va a acabar mal". Ellos han echado fuera a los verdaderos profetas y los tienen en una dieta de pan y agua de aflicción.

Cada día estamos acercándonos más a la batalla decisiva. El enemigo atacará y no atacarán exactamente a cualquiera. El enemigo atacará a aquellos que Dios especifique.

¿No es esto intrigante? Los que representan mal al Señor, esclavizando al pueblo de Dios, y haciendo cosas en el nombre de Dios sin considerar si están haciendo las cosas para agradarlo a él, buscarán los resultados que ellos desean, armados con otras armas diferentes que no son las del Señor. Todos estos serán derrotados en la batalla.

Mientras nos dirigimos a la batalla, no deberíamos usar las tácticas que usan nuestros enemigos. Ellos pueden usar esquemas como llamar personas a orquestar sus propios planes, diciendo cosas como: "No vaya a tal o cual reunión", o "No apoye a esta o aquella persona".

Y cuando usted se encuentra a estas mismas personas cara a cara, ellos sonreían hipócritamente y le hablan a usted en un modo amistoso, mientras continúan haciendo llamadas telefónicas subversivas a sus espaldas. Este tipo de conducta puede continuar por un tiempo, pero no seguirá por siempre. Las cosas serán definidas de una manera o de la otra.

En Judá, la trayectoria del rey Josafat fue mayormente en la dirección correcta, incluso frente a muchos obstáculos (uno de los cuales fue Acab).

> 41 Y Josafat hijo de Asa comenzó a reinar sobre Judá en el cuarto año de Acab rey de Israel.
>
> 42 Y era Josafat de treinta y cinco años cuando comenzó a reinar, y reinó veinticinco años en Jerusalén. El nombre de su madre fue Azuba, hija de Silhi.
>
> 43 Y anduvo en todo el camino de Asa su padre, sin declinar de él, haciendo lo recto ante los ojos del SEÑOR. Con todo eso, los lugares altos no fueron quitados; porque aún el pueblo sacrificaba, y quemaba incienso en los lugares altos.

> [44] Y Josafat hizo paz con el rey de Israel.

Josafat hizo paz con Acab casándose con la hija de Acab. Este fue un gran error por un rey de alguna manera ejemplar. Asa, su padre piadoso, tuvo también un error en el juicio cuando él contrató a Ben-adad, rey de Siria, con dinero del tesoro del SEÑOR para combatir a Baasa rey de Israel. En vez de confiar en el SEÑOR, él combatió un rey que estaba causándole mucho problema con esta táctica.

Josafat puede haber estado tratando de compensar el costoso error de su padre cuando hizo una alianza impía con Acab, exactamente cuando Acab estaba a punto de quebrantar su inicuo pacto con Ben-adad. Sin embargo, Dios mira al corazón y no destruye al justo junto con el impío.

En mi propia experiencia personal, yo también he encontrado que Dios no permite que los que son justos sean destruidos si cometen errores honestos. Tales errores pueden ser muy dolorosos — una lección que Josafat aprendió a golpes.

Él estuvo casi muerto cuando los capitanes enemigos lo confundieron con Acab, porque Acab se había disfrazado a propósito mientras dejaba a Josafat expuesto. En medio de este problema, Josafat clamó al SEÑOR y el SEÑOR lo libró.

> [45] Los demás hechos de Josafat, y sus valentías, y las guerras que hizo, ¿no está todo escrito en el libro de las crónicas de los reyes de Judá?

De acuerdo a 2 Crónicas, Josafat tenía un magnífico ejército con cientos de miles de soldados, de manera que la mayoría de las naciones alrededor de él temían atacarlo.

> [46] Barrió también de la tierra el resto de los prostitutos del culto pagano que habían quedado en el tiempo de su padre Asa.
>
> [47] No había entonces rey en Edom; presidente había en lugar de rey.
>
> [48] Había hecho Josafat navíos en Tarsis, los cuales habían de ir a Ofir por oro; mas no fueron, porque se rompieron en Ezión-geber.

> 49 Entonces Ocozías hijo de Acab dijo a Josafat: Vayan mis siervos con los tuyos en los navíos. Mas Josafat no quiso.

En ciertas oportunidades en nuestro camino se nos presentan llamadas y ofertas, pidiéndonos tomar parte en la divulgación del evangelismo y en otras actividades. Cuando ellos lo hacen, es absolutamente esencial que escuchemos del Señor en relación a cada caso o situación, porque muchos del buen pueblo del SEÑOR se han metido en problemas por unirse con aquellos que no están limpios.

Josafat sobrevivió por un pelo. Él no escuchó al único profeta del SEÑOR que Acab pudo producir. Él además presenció a Acab obsesionado con este verdadero profeta de Dios, Micaías, hasta ponerlo en la cárcel por proclamar la verdadera palabra del SEÑOR.

Finalmente, él acompañó a Acab en la batalla contra el consejo del SEÑOR y fue testigo del trágico final de Acab.

Josafat aprendió su lección de esta experiencia, pero las consecuencias posteriores de la malvada alianza familiar entre Josafat y la familia de Acab más adelante resultaron ser fatales para su hijo y causaron un daño mayor a la nación de Judá.

> 50 Y durmió Josafat con sus padres, y fue sepultado con sus padres en la ciudad de David su padre; y en su lugar reinó Joram su hijo.
>
> 51 Y Ocozías hijo de Acab comenzó a reinar sobre Israel en Samaria, el año diecisiete de Josafat rey de Judá; y reinó dos años sobre Israel.
>
> 52 E hizo lo malo ante los ojos del SEÑOR, y anduvo en el camino de su padre, y en el camino de su madre, y en el camino de Jeroboam hijo de Nabat, que hizo pecar a Israel.
>
> 53 Porque sirvió a Baal, y lo adoró, y provocó a ira al SEÑOR Dios de Israel, conforme a todas las cosas que su padre había hecho.

Con esto concluye el libro de 1 Reyes. Hemos tenido muchos "reyes" en la historia de la iglesia, así como muchas divisiones, aunque 1 Corintios 1:10 nos dice que no tengamos divisiones entre nosotros. Durante años, muchos han sacado ideas de formas de reconciliar y unir la Cristiandad.

Pero muchos de estos planes no han sido prosperados por Dios, porque eran intentos de unificar al pueblo de Dios al estilo Acab.

Ellos fallaron porque la armadura de Acab no es la armadura de Dios. La armadura de Acab contenía fornicaciones, hechos malvados y derramamiento de sangre inocente. Él aun logró hacer una alianza con el justo Josafat que terminó siendo muy afortunado para escapar con vida.

Líderes como Acab pueden encontrarse en la iglesia y en Israel hoy, y la vasta mayoría de sus seguidores son sucios.

Como en muchos ejemplos bíblicos, un día de juicio final surge amenazadoramente en nuestro moderno horizonte. El mal empeora más y más, pero finalmente llegará a una crisis ya que está ligada a la batalla del final del tiempo. También había una muestra sin precedentes del amor, la misericordia y el poder de Dios.

Mientras viajamos dentro del libro de 2 Reyes, encontraremos aún en medio aumento perpetuo de la perversión y maldad del supuesto pueblo de Dios, que hay un importante cambio en el ministerio de los profetas. En 1 Reyes los profetas lucharon. En 2 Reyes los profetas son victoriosos. La transición de un libro al siguiente parece ser el punto de inflexión. Todo esto está escrito en las Escrituras para nuestra edificación, y creo que es un bosquejo de los tiempos del fin en los cuales ahora vivimos.

Oremos:

Padre Celestial, te pedimos por gran sabiduría, que en los días difíciles que tengamos por delante, podamos tener discernimiento para abrazar a los que son limpios; aquellos que son tuyos. Que podamos estar dispuestos a poner nuestras vidas por los hermanos. Pero permítenos discernir a los que son corruptos, de modo que no unamos nuestras fuerzas con aquellos que no aman la limpieza o unirnos con los que no están usando las armas correctas.

Abre nuestros ojos para que podamos ser capaces de identificar aquellos cuyos brazos y armadura están contaminados y ayúdanos a distanciarnos de ellos.

Te lo pedimos en el nombre de nuestro Señor Jesucristo. Amén.

Parte II

El nuevo día en Dios está amaneciendo

Capítulo Siete

Elías entra en el ámbito de la victoria total

2 Reyes 1

1 Después de la muerte de Acab, Moab se rebeló contra Israel.

Moab ha estado pagando tributo a Israel, pero en el momento de la muerte de Acab, ellos decidieron rebelarse. Este relato está en 2 Reyes 3.

2 Y Ocozías cayó por las celosías de una sala de la casa que tenía en Samaria; y estando enfermo envió mensajeros, y les dijo: Id, y consultad a Baal-zebub dios de Ecrón, si he de sanar de esta mi enfermedad.

Ocozías era el hijo de Acab.

3 Entonces el ángel del SEÑOR habló a Elías tisbita, diciendo: Levántate, y sube a encontrarte con los mensajeros del rey de Samaria, y les dirás: ¿No hay Dios en Israel, que vosotros vais a consultar a Baal-zebub dios de Ecrón?

4 Por tanto, así dijo el SEÑOR: Del lecho en que subiste no descenderás, antes morirás ciertamente. Y Elías se fue.

5 Y cuando los mensajeros se volvieron al rey, él les dijo: ¿Por qué pues os habéis regresado?

6 Y ellos le respondieron: Encontramos un varón que nos dijo: Id, y regresad al rey que os envió, y decidle: Así dijo el SEÑOR: ¿No hay Dios en Israel, que tú envías a consultar a Baal zebub dios de Ecron? Por tanto, del lecho en que subiste no descenderás, antes morirás de cierto.

7 Entonces él les dijo: ¿Qué hábito era el de aquel varón que encontrasteis, y os dijo tales palabras?

> [8] *Y ellos le respondieron: Un varón velloso, y ceñía sus lomos con un cinto de cuero. Entonces él dijo: Elías, el tisbita es.*

Desde los días cuando Dios cubrió a Adán y Eva con túnicas de pieles después que su pecado los hizo conscientes de su desnudez (Génesis 3:21), el cinto de cuero ha sido un símbolo de un pacto de sangre entre la persona que lleva el cinto y Dios. El pacto de sangre representa un cambio de vida *porque la vida de la carne está en la sangre* (Levítico 17:11). Este es el significado detrás de los ritos del templo que involucran la sangre (los sacrificios).

El profeta Elías usó este símbolo porque él vivió como un vaso limpio a través del cual Dios pudo hacer su voluntad. Dios habló a través de él, así él pudo mostrar al pueblo las cosas de Dios.

Muchos entre el pueblo, como los reyes de Israel no estuvieron en pacto con Dios. En vez de buscar la voluntad de Dios, ellos buscaron su propio placer. Como resultado, fue mucho más fácil para ellos consultar al dios de Ecrón (que era un demonio) que consultar al Señor del cielo. El SEÑOR requiere que las vidas de su pueblo sean colocadas sobre el altar de Dios con el propósito de implementar su voluntad en, o a través de ellos. Aquellos que deseaban vivir buscando las cosas de este mundo siempre estaban distantes y apartados del SEÑOR.

Todas las naciones buscaban al dios de este mundo, pero el pueblo de Israel debía ser diferente. Ellos eran el pueblo de Dios. Por esto es que Dios se enojó con ellos. Ellos actuaban como el mundo y continuamente buscaban otros dioses.

Acab había tenido una sentencia sobre él, no solo porque él había buscado vivir su propia vida (como rey del pueblo de Dios mientras se negaba a escuchar a Dios), sino que además, porque mató al inocente Nabot que rehusó dar a Acab su heredad dada por Dios. Dios había enviado a Elías a Acab para decirle que Dios había dictado juicio sobre Acab y su posteridad.

Cuando Acab se arrepintió, Dios cambió su sentencia y declaró que el juicio contra la casa de Acab tendría lugar durante los días de su hijo, (1 Reyes 21:20–29). Los hijos de Acab, sin embargo, en vez de arrepentirse, insistieron en consultar demonios en vez de a

Dios. Cuando Elías confrontó a los mensajeros de Ocozías, el hijo del rey Acab, mire lo que él hizo:

> 9 Y envió luego a él un capitán de cincuenta con sus cincuenta, el cual subió a él; y he aquí que él estaba sentado en la cumbre del monte. Y él le dijo: Varón de Dios, el rey ha dicho que desciendas.

El Nuevo Testamento declara que todas estas cosas que fueron escritas en el Antiguo Testamento son para nuestra amonestación, de manera que no repitiéramos los mismos errores que cometieron los hijos de Israel (1 Corintios 10:11–12). Entonces, ¿qué podemos aprender de este versículo? Primero, es significativo notar que cincuenta es un número importante en las Escrituras.

Este es el número de Pentecostés y la Fiesta de Pentecostés, que se cumplió en Hechos 2, representa la Iglesia. Este versículo en 2 Reyes no se trata solamente de un extraño evento involucrando a reyes extraños que tuvo lugar hace casi tres mil años.

Este es un ejemplo para nosotros hoy de lo que puede suceder en la Iglesia Cristiana y el Israel moderno cuando hombres y mujeres que desean reinar sobre el pueblo de Dios, hacen cosas a su propio modo, en vez de buscar la manera de Dios. Esto puede resultar en adoración a demonios.

Este tipo de conducta no solamente ha permitido a los demonios tener acceso a su pueblo, sino que como Acab cuando un verdadero profeta del SEÑOR aparece, ellos actúan con prepotencia y categóricamente sucios. Por ejemplo, consideremos al primer capitán en nuestro ejemplo. Este capitán, con sus cincuenta soldados, fue enviado para traer a Elías a la fuerza, y el capitán tuvo una actitud soberbia diciendo, *Hombre de Dios, ¡el rey ha dicho que desciendas!* Elías estaba en la cumbre del monte, que simboliza la presencia de Dios.

> 10 Y Elías respondió y dijo al capitán de cincuenta: si yo soy varón de Dios, descienda fuego del cielo, y consúmate con tus cincuenta. Y descendió fuego del cielo, que lo consumió a él y a sus cincuenta.

¡El rey y sus hombres nunca habían estado frustrados de tal modo! Acab y su esposa Jezabel estaba acostumbrados a hacer lo que les parecía con los profetas de Dios (Mateo 5:10–12). Jezabel y sus hombres habían perseguido, desterrado y asesinado a muchos profetas. Acab en presencia del piadoso rey Josafat, había sentenciado al verdadero profeta Micaías a la cárcel con su único alimento siendo el pan y el agua de la aflicción. En la edad de la iglesia, también nosotros hemos experimentado una larga historia en la cual los verdaderos cristianos, los verdaderos creyentes que están en un pacto de sangre con Dios (así el Señor puede vivir su vida en nosotros) han sido asesinados, perseguidos, y desterrados por los hijos de "Acab" y "Jezabel" según sus caprichos. (Hebreos 11).

Se calcula que la Roma pagana ha matado a siete millones de cristianos, muchos de ellos fueron comida para los leones en el Coliseo. Se reporta que la Roma cristiana ha martirizado cerca de setenta millones de creyentes solo en la Inquisición Española. La Constantinopla Ortodoxa cristiana también torturó, mató y mutiló incalculables millones. Todavía muchos cristianos están siendo perseguidos y asesinados hoy más que nunca. El pueblo religioso tiende a ser mucho más fanático acerca de matar y perseguir a los verdaderos profetas de Dios que aquellos que no son religiosos. El número cincuenta en las Escrituras describen a las personas religiosas y la Edad de Pentecostés.

Sin embargo, un cambio notable tuvo lugar entre 1 Reyes y 2 Reyes. Esto tiene que ver con los verdaderos profetas de Dios y su ministerio. ¿Por qué no fueron dejados los cuarenta y seis capítulos de Reyes en un solo libro? ¿Por qué dividir estos relatos en dos libros y por qué en este lugar particular?

El Señor desea mostrarnos algo importante concerniente a una división en la historia, un tiempo donde las reglas cambiarán. Esto sucede después de la muerte de Acab y antes de la muerte de Jezabel (Apocalipsis 2:20–23). Este es un ejemplo, el cual tiene su contraparte del día moderno.

Pocos días antes de esta división del tiempo, en el periodo simbólicamente cubierto en 1 Reyes, si el rey hubiera enviado sus cincuenta soldados con su capitán, probablemente habrían puesto mano a Elías como hicieron con Micaías unos pocos días antes.

Ellos habían agarrado a Micaías (que significa, quien es como el SEÑOR) y lo pusieron en la cárcel con pan y agua hasta que el rey regresara de la batalla, pero el rey nunca regresó.

Fue después que Acab no regresó que las reglas cambiaron. El hijo de Acab pensó que él podía hacer lo mismo a Elías, y la muerte de cincuenta soldados no le hizo cambiar de opinión o dudar en enviar otros cincuenta. Él no podía creer que un cambio profundo hubiera ocurrido.

Cuando la primera bomba atómica cayó sobre el Japón, ellos no podían creerlo tampoco. Se necesitó la segunda bomba atómica para que ellos empezaran a entender la completa magnitud de lo que había sucedido y que su única opción era una rendición incondicional. Un nuevo día amaneció, y las reglas de la guerra habían cambiado radicalmente. Hasta este momento, se enseñaba a las personas que los átomos no podrían ser divididos, pero ahora lo impensable había sucedido. La era de la energía y las armas nucleares había llegado. Esto podía tomar una o dos formas básicas. Una reacción controlada podía producir energía pacífica, o una reacción en cadena descontrolada podría crear terribles nuevas armas de destrucción masiva.

Entre el punto donde termina 1 Reyes y empieza 2 Reyes, ocurre un cambio en la manera que sucedieron ciertas cosas. Estamos viviendo en el borde de un cambio similar en relación al ámbito espiritual. El día del hombre está llegando a su final y estamos al principio de lo que las Escrituras llaman el día del SEÑOR. En algunas formas esto puede ser similar a los eventos alrededor de la primera venida de Jesucristo. Desde el nacimiento del bebé Jesús en el pesebre en Belén hasta la total destrucción del templo y de Jerusalén era cerca de setenta años. Durante este tiempo, el día o edad de la ley estaba cerrándose y la edad de la gracia (de la iglesia) estaba abriéndose. El siguiente evento profético en el calendario de Dios es lo que las Escrituras en un total de treinta y dos referencias describe como el día del SEÑOR.

Los historiadores han dividido la historia, pensando que ellos saben cómo y dónde dividirla. Por ejemplo, muchos dividen el tiempo antes de Cristo y después de Cristo, pensando que la primera venida es el punto focal de la historia humana. Y sí, este fue un cambio clave. Cuando el Señor vino por primera vez, muchas cosas cambiaron. Con su primera venida, él trajo la posibilidad de un nuevo pacto, así como colocar las arras (anticipo) del Espíritu de Dios dentro de todos los creyentes (2 Corintios 1:22; 5:5; Efesios 1:13–14). Pero este no será el punto final de división de la historia.

La verdadera división de la historia humana está por ocurrir ahora, como el día del hombre termina, entramos en el verdadero día del SEÑOR y la plenitud del Espíritu es derramado (la plenitud de nuestra heredad en Cristo). La oportunidad exacta del momento y muchos detalles en relación a la segunda venida del Señor Jesucristo y la edad por venir está todavía encubierta en misterio hasta *el día de la voz del séptimo ángel, cuando él comenzare a tocar la trompeta* (Apocalipsis 10:7). Sin embargo, sabemos que la segunda venida será precedida por señales claves y cambios que solamente los elegidos reconocerán (Mateo 24; Marcos 13; Lucas 21).

La manera como han podido hacer las cosas contra los verdaderos siervos de Dios cambiará. Al principio, este cambio no será obvio para muchos. Muchos déspotas que reinan, controlan y demandan cosas del pueblo de Dios no lo creerán, exactamente como el hijo de Acab no creyó que su poder para hacer las cosas como quería a los verdaderos profetas había cambiado. Y exactamente como Ocozías, el hijo de Acab, tendrán serios problemas. Esto está sucediendo incluso ahora. No sé si ustedes son conscientes de las noticias, pero grandes "reyes" en el ámbito cristiano ya no pueden hacer más cosas como ellos siempre lo han hecho, porque la luz está empezando a descubrir sus prácticas.

Muchos de estos así llamados líderes cristianos se encuentran en las mismas circunstancias que el Rey Ocozías. Ellos piensan que reinan. Ellos dan órdenes extremas. Pero ellos están en el lecho de muerte, y la palabra del SEÑOR dice que "ellos no se recuperarán. "Sus reinos están llenos de falsos profetas y ellos insisten en consultar a aquellos que están desprovistos del Espíritu de Dios. Sus dones y ministerios pronto vendrán a un final, mientras el nuevo día del Señor amanece. El rey Ocozías fue muy lento para comprender la nueva dimensión del ministerio profético de Elías.

2 Reyes 1

> 11 Volvió el rey a enviar a él otro capitán de cincuenta con sus cincuenta; y le habló, y dijo: Varón de Dios, el rey ha dicho así: Desciende pronto.

El primer capitán dijo, *el rey ha dicho que desciendas.* Este segundo capitán dijo, *el rey ha dicho así, desciende pronto.* Todavía muy imponente; todavía no mostraba respeto por Elías. Ellos pensaban que él no tenía "cubierta, ni respeto por su autoridad, y que él era como una especie de llanero solitario que no se sometía a nadie. Ellos consideraban que aquellos como Elías eran cañones sueltos.

> 12 Y les respondió Elías, y dijo: Si yo soy varón de Dios, descienda fuego del cielo, y consúmate con tus cincuenta. Y descendió el fuego de Dios del cielo, que lo consumió a él y a sus cincuenta.

Si yo soy varón de Dios ... La palabra hebrea traducida *varón* denota un hombre libre (no un esclavo). El rey pensaba que cada uno era su esclavo, pero incluso sus siervos estaban llamando a Elías un hombre libre. Por tanto, Elías respondió, "*Si yo soy varón de Dios (hombre libre) ...* Entonces, ¿por qué está aquí con sus cincuenta soldados para agarrarme y llevarme delante del rey?

Esta fue la tercera vez que el fuego de Dios cayó de los cielos en el ministerio de Elías: Una vez anterior cuando enfrentó los profetas de Baal, y ahora dos veces para mostrar al rey y su ejército que ellos no más tenían autoridad sobre un verdadero profeta de Dios.

El nombre de Elías puede significar "Dios Mismo". El verdadero ministerio profético del Señor sucede donde Dios mismo opera. Cuando él implementa un verdadero pacto de sangre, esto significa que vamos a estar muertos y Dios está vivo en nosotros por el Espíritu Santo. Cuando esto sucede, es Dios mismo. Sin embargo, el rey no se rindió.

> 13 Y volvió a enviar el tercer capitán de cincuenta con sus cincuenta; y subiendo aquel tercer capitán de cincuenta, se arrodilló delante de Elías, y le rogó, diciendo: Varón de Dios, te ruego que sea de valor delante de tus ojos mi vida y la vida de estos tus cincuenta siervos.

> 14 He aquí ha descendido fuego del cielo, y ha consumido los dos primeros capitanes de cincuenta, con sus cincuenta; sea ahora mi alma de valor delante de tus ojos.

El tercer capitán vino con un cambio de actitud — un gran cambio. Él no se impuso. Él se dio cuenta de la realidad de este preciso momento en la historia y que la vida de Elías no estaba a merced suya.

El capitán del ejército y sus cincuenta hombres estaban ahora a merced de Elías y de lo que él diría en el nombre del Señor. El tercer capitán entendió perfectamente esta situación. Él cayó humillado sobre sus rodillas y rogó por su vida y las vidas de sus hombres. Sus acciones mostraban cómo los roles habían cambiado. Él y sus hombres ahora eran los esclavos. ¿Esclavos de quién? De Dios mismo, de Elías. ¿No es eso un gran acontecimiento?

Hermanos, estamos entrando en un nuevo día, un día diferente, un día en el cual los tibios están ahora en grave peligro; pero los que están en un pacto de sangre con Dios, en quienes Dios está vivo, están seguros en la vida de Dios.

Los *reyes* que se han enseñoreado sobre el pueblo de Dios han propagado mentiras y engaño diciendo, "Las cosas irán de mal en peor para el pueblo de Dios, hasta poco antes que el diablo tome el control de todo, y luego Dios arrebatará a su iglesia. Todos los creyentes desaparecerán misteriosamente a los cielos, y el diablo consolidará su reino aquí sobre la tierra por tres años y medio, o siete, o incluso setenta años". Nada puede estar más lejos de la verdad. El diablo ha reinado aquí en la tierra durante los últimos seis mil años. Él no ha consolidado su reino, porque la misma naturaleza de su reino no lo permitirá. El reino del diablo nunca estará unido, porque sus seguidores siempre combatirán el uno contra el otro.

Ninguno de los modelos bíblicos y las descripciones del fin del tiempo, profetizan un gobierno mundial unificado en las manos del diablo. Mientras el tiempo avanza, la corrupción crece más, y en vez de unidad, las cosas llegan a estar más y más fragmentadas. Más reyes, más cabezas, más división. El monstruo del Apocalipsis no tiene una sola cabeza. Este tiene siete cabezas que en el lenguaje bíblico profético significa el número completo de cabezas.

La estatua en el libro de Daniel, la cual simboliza los reinos que dominarán al mundo, no terminan unidos. Esta se desmorona en los diez dedos fragmentados hechos de barro cocido y hierro que rehúsan mezclarse (como las democracias modernas y la regla de la ley), mientras una piedra cortada sin manos golpea los pies de la imagen y las convierte en polvo que es esparcido por el viento.

Daniel declaró que *el impío empeorará, y ninguno de los impíos entenderá. Y que los entendidos entenderán y resplandecerán como el resplandor del firmamento,* (Daniel 12: 10, 3).

Dios no desaparecerá su pueblo y lo esconderá. No, él lo mostrará. Elías estaba sentado en la cumbre de una montaña donde todos podían verlo. Esta confrontación tuvo lugar a la vista de todos (Mateo 5:14). Después de esto, los profetas pudieron morar y prosperar abiertamente a todo lo largo de Israel, y no hay evidencia que Jezabel fuera capaz de herirlos, aunque todo lo demás en Israel era aparentemente sin cambios.

En el tiempo apropiado, Dios dará el reino a los santos, y su reino nunca será corrupto o tomado por aquellos que son corruptos (Daniel 7:13–14). El tiempo ha venido, y está aun a la puerta, cuando, como Elías, aquellos a quienes Dios escoge, podrán estar firmes delante de cualquier situación, y ninguno podrá removerlos. Esto marcará una mayor transición entre la edad de la gracia y la edad del reino. En las Escrituras un cuadro profético de esto sucede exacto entre el fin de 1 Reyes y el comienzo de 2 Reyes. Cuando el tercer capitán vino a Elías, él empezó a darse cuenta que un cambio sustancial había tenido lugar. El rey (sobre su lecho de muerte) ya no tenía más jurisdicción sobre los profetas de Dios.

> 15 Entonces el ángel del SEÑOR dijo a Elías: Desciende con él; no tengas miedo de él. Y él se levantó, y descendió con él al rey.

Pero observe que el mensaje al rey no está diciendo, "¡Mire Rey! ¿Se da usted cuenta de lo que sucedió en esa montaña? Hasta ahora esto le ha costado a usted cien soldados y dos capitanes, pero usted puede tener una última oportunidad".

¡No! El rey ya había pecado hasta acabar con su día de gracia.

> 16 Y le dijo: Así dijo el SEÑOR: por cuanto enviaste mensajeros a consultar a Baal-zebub dios de Ecrón, ¿por ventura no hay Dios en Israel para consultar en su palabra? No descenderás, por tanto, del lecho en que subiste, antes morirás de cierto.

Ocozías significa "el SEÑOR ha agarrado". En el año de la libertad, el SEÑOR se apoderará de los dones y ministerios dados a los esclavos, y solamente los verdaderos hijos que se sometieron a su disciplina y corrección recibirán la heredad (Ezequiel 46:17).

> 17 Y murió conforme a la palabra del SEÑOR que había hablado Elías; y reinó en su lugar Joram (hijo de Acab), en el segundo año de Joram, hijo de Josafat rey de Judá; porque Ocozías no tenía hijo.

La casa de Acab, en la vida de Adán, no puede producir hijos de Dios (coherederos con Cristo). Esta solamente produce esclavos del pecado, del mundo, y del diablo.

> 18 Y los demás hechos de Ocozías, ¿no está todo escrito en el libro de las crónicas de los reyes de Israel?

Observe que Elías escribió una carta mordaz a Joram, el hijo de Josafat, mencionado en 2 Crónicas 21:12. Mientras esta línea del ministerio profético de Elías continúa en el libro de 2 Reyes en la doble medida de Eliseo y más allá, los profetas de Dios no son forzados a correr de cualquier situación. Ellos pueden presentarse con la palabra del SEÑOR y permanecer firmes. Son sus enemigos los que tienen que correr.

Todo esto sucedió en medio de un mundo donde la corrupción se incrementó entre las diez tribus de Israel hasta que ellos fueron completamente destruidos y consumidos.

Nuestra situación mundial actual, también llegará a un final malo. Sin embargo, el remanente de Dios, que lo representa a él de la forma que él desea, estará presente, y muchas almas serán ganadas para el reino de Dios, mientras que los reinos de los hombres fracasan.

El Señor está por hacer algo, empezando con los *reyes* corruptos que están reinando sobre el pueblo de Dios. Ellos están a punto de estrellarse con la realidad y no se recuperarán de su actual lecho de muerte.

El dios de este mundo, el diablo, está por recibir un golpe mortal. Todo el sistema de este mundo, incluyendo el sistema religioso recibirá un golpe del cual no se recuperará. Esto no tendrá lugar porque nosotros lo planeemos. El golpe caerá cuando el SEÑOR decida. Esto será de una piedra no cortada de manos, sin nuestra intervención. Lo más que podemos hacer es anunciar, advertir y predicar que:

- El tiempo está cerca
- El golpe puede venir en cualquier momento.
- Estamos viviendo en un tiempo de cambio histórico en el que muy pocos se están dando cuenta.

Muchos piensan del gran cambio que vendrá con la segunda venida física del Señor Jesucristo (y esto por supuesto, es extremadamente importante). Sin embargo, las Escrituras son claras de que Jesús reinará a la diestra del Padre hasta que venga el tiempo para que Dios restaure todas las cosas, como él lo prometió a través de sus santos profetas (Hechos 3:21). Jesús reinará desde los cielos, hasta que todos sus enemigos estén debajo de sus pies. El último enemigo es la muerte (1 Corintios 15:25–26).

El ministerio de Elías y Eliseo es un cuadro profético de lo que será realizado (y establecerá el escenario para ello) antes del regreso físico del Señor Jesús.

El Señor tendrá un pueblo (el cuerpo de Cristo) aquí sobre la tierra que permanecerá firme hasta que sus enemigos sean puestos debajo de sus pies, (Apocalipsis 10:1–2). Esto es cuando Jesús regresará. (Apocalipsis 11:15–19).

Dios ha dado muchas oportunidades, y él no está queriendo que ninguno perezca. Sin embargo, las Escrituras declaran que el juicio empieza por la casa del Señor (1 Pedro 4:17–19).

El mensaje profético en relación a los tiempos y sazones de Dios está ligado en las Escrituras al año agrícola en Israel. Hay un tiempo para preparar el campo, un tiempo para plantar, tiempo para cultivar, un tiempo para cosechar los primeros frutos, y un tiempo para el final de la cosecha que incluye aceite, vino y trigo cuando todo debe ser cosechado, asegurado o almacenado.

En el tiempo de la cosecha, el fruto es evidente. Un fruto amargo, corrupto y venenoso que no tiene nada que ver con Dios, es inaceptable, y no hay tiempo para plantar algo diferente en sus corazones. El Señor no dará otra oportunidad si con su aliento moribundo, ellos solamente desean consultar con los demonios respecto a sus situación.

Por esto es que el Señor tiene un mensaje para aquellos que todavía tienen tiempo.

Estamos entrando dentro de la gran cosecha del fin del tiempo, Jesús dijo, *por sus frutos los conocerás* (Mateo 7:16).

Oremos:

Padre Celestial, te pedimos que podamos entender dónde estamos en la historia, que podamos percibir el momento espectacular en el horizonte para aquellos que están limpios y para los que desean ser limpios. Que podamos ser limpiados inmediatamente, antes que caiga la cortina sobre este escenario de la historia.

Te lo pedimos en el nombre de nuestro Señor Jesús. Amén.

Capítulo Ocho

La doble medida

El Señor se está preparando para quitar las cosas del reino del dios de este mundo y colocarlas en manos de los verdaderos hijos de Dios. Esto marca la verdadera división del tiempo.

> *Y el séptimo ángel tocó la trompeta. Y fueron hechas grandes voces en el cielo, que decían: Los reinos de este mundo son reducidos a nuestro Señor y a su Cristo; y reinará para siempre jamás.* (Apocalipsis 11:15)

En el cincuentavo día después de la Pascua, el Espíritu Santo cayó en el día de Pentecostés sobre la iglesia primitiva (Hechos 2). Los dones y ministerios de Dios derramados para los individuos y para la iglesia bajo una unción, es simbolizada por la unción del profeta Elías. En 2 Reyes 2, encontramos el secreto de la diferencia entre la medida sencilla y la doble medida. Esta es una gran diferencia.

Este relato describe la transición entre el escenario cuando los verdaderos siervos del Señor fueron maltratados, arrestados y martirizados hasta lugar de total victoria en Dios.

En la larga historia de la iglesia, millones de verdaderos siervos de Dios han sido perseguidos, desterrados o asesinados. Esto incluye a personas como Elías quienes no fueron conformistas y rehusaron seguir ciegamente a los que reinan sobre el pueblo de Dios. Y esta persecución continúa a un paso más intenso hoy. En los últimos veinticinco o treinta años, más hombres y mujeres de Dios han sido asesinados en Colombia que en cualquier otro país sobre la faz de la tierra. En términos de personas desplazadas, de acuerdo a las Naciones Unidas, Colombia es segundo después de Siria. ¿Por qué sería esto?

El mismo espíritu de intolerancia presente durante la Roma pagana y durante la Inquisición está todavía vivo, aunque los grupos humanos y fuentes que causan la persecución varían. En el caso de Colombia, es solamente desde la segunda guerra mundial que cualquier distribución significativa de Biblias ha tenido lugar. Lo mismo es verdad en muchos otros países. Entre 1948 y 1958, un grande porcentaje de cristianos evangélicos en Colombia fueron asesinados o desplazados de sus hogares. Cosas similares le han sucedido a judíos y cristianos por todo el globo durante los últimos dos mil años. Sin embargo, a todo lo largo de esta inquietante historia, un remanente con una unción similar a la de Elías siempre ha permanecido.

Ahora estamos en un momento en la historia cuando Dios está por derramar la doble medida recibida por Eliseo. Elías mismo camino en esta unción en 2 Reyes, capítulos 1 y 2 anterior a su salida. Esta es la unción de la gran victoria, la unción de no tener que dar ni un solo paso atrás.

En el segundo libro de los Reyes, los profetas mostraron más poder de Dios del que ocurrió en el primer libro de los Reyes.

En circunstancias cuando el profeta Elías fue forzado a escapar en 1 de Reyes, él fue capaz de enfrentar calmadamente cualquier situación en 2 Reyes. Ahora el que se encuentra en problemas es el rey contaminado.

Este es el rey del pueblo de Dios, el rey de Israel, quien está en su lecho de muerte y envía tres grupos de cincuenta soldados para arrestar a Elías. Dos grupos fueron destruidos, y cuando el tercer grupo muestra la actitud correcta, ellos son perdonados.

Ezequiel compartió una profecía similar en la que dos terceras partes de los vinculados con Pentecostés fueron cortados, y de la tercera parte que permanece, solamente los que tiene la actitud correcta sobreviven (Ezequiel 5:1–4). Este mismo tipo de cosas es además mencionado en el libro del Apocalipsis.

En el momento de la división — del cual soy confidente que está muy cercano — dos terceras partes de lo que pertenece a Pentecostés es cortado, y solamente la tercera parte continúa. Esta tercera parte consta de aquellos que tienen la actitud correcta.

El tercer capitán no llegó con una actitud arrogante, imperial como la de sus predecesores. Él se puso sobre sus rodillas, rogando por su vida y por la vida de sus cincuenta soldados, porque sabía que Elías tenía algo diferente — que las cosas habían cambiado.

Elías no se movió de la cumbre del monte hasta que el SEÑOR le dijo que no temiera ir y decirle al rey que no se recuperaría; él moriría. Él no fue enviado a darle una segunda oportunidad a un rey impío, que era hijo de un rey malvado, quien, aunque estaba muriéndose, decidió enviar soldados para arrestar a Elías en vez de consultar a Dios.

En nuestro estado natural, aun con dones y ministerios de Dios, todos somos reyes impíos descendientes de reyes impíos y, por tanto, no nos corresponde enseñorearnos del pueblo de Dios. En el reino de Dios, el siervo de todos es el mayor; el menor será el más grande (Lucas 9:48).

Durante estos largos años, los cristianos tibios han tenido poco que temer de la iglesia. Ellos han tomado la comunión, han dado diezmos y ofrendas, y nada les ha pasado mientras van con la corriente. Dios volcó esto durante los últimos días de Elías, y ahora también lo está haciendo.

De acuerdo a las Escrituras, en el gran ámbito de la iglesia de Pentecostés, solamente la tercera parte sobrevivirá a lo que está viniendo. Ellos serán refinados y entrarán en una nueva unción. Esto está sucediendo ahora. El estatus quo está siendo derrotado, y el diablo sabe que se le acaba el tiempo. Por esta razón, él atacará con toda su furia, pero cuando el encuentre un pueblo de Dios limpio, él los encontrará intocables. Sin embargo, Dios lo usará para traer juicio sobre las cosas, hechas en el nombre de Dios que son corruptas y sucias.

Con esto en mente, pregúntese, "¿dónde está el verdadero peligro ahora?" Esto no es para aquellos que son limpios, para aquellos que son puros de corazón y sinceros hacia Dios. ¡No! El peligro es para los que son tibios, mediocres, que muchos llaman cristianos carnales — aquellos que confían en doctrinas y en el sistema religioso corrupto en vez de tener una relación personal y directa con el Padre Dios bajo su disciplina y corrección (Apocalipsis 3:15–16).

2 Reyes 2

> [1] *Y aconteció que, cuando quiso el SEÑOR alzar a Elías en el torbellino al cielo, Elías venía con Eliseo de Gilgal.*

Gilgal significa (círculo o rueda) es el sitio donde los hijos de Israel entraron en la tierra prometida después de salir del desierto y cruzar el Río Jordán. Es también el sitio de la segunda circuncisión, la cual es símbolo de la circuncisión del corazón, porque el Señor desea colocar su corazón en nosotros. Gilgal es el lugar de conversión.

> [2] *Y dijo Elías a Eliseo: Quédate ahora aquí, porque el SEÑOR me ha enviado a Bet-el. Y Eliseo dijo: Vive el SEÑOR, y vive tu alma, que no te dejaré. Descendieron, pues, a Bet-el.*

Eliseo tenía su corazón puesto en la cosa nueva que venía (Isaías 43:19) y no estaba dispuesto a "quedarse" en Gilgal.

Bet-el significa "Casa de Dios". Aquí es donde Jacob acostado en tierra, con Dios por encima de él y recibió una gran revelación. Una escalera apareció entre los cielos y la tierra con ángeles ascendiendo y descendiendo. Aquí es donde Jacob hizo su famoso voto de apartar para Dios un diezmo de todo lo que Dios le daría (Génesis 28:20–22).

Sin embargo, este voto no fue suficiente para liberar a Jacob de la venganza de Esaú, su hermano, cuando estaba en el camino con cuatrocientos hombres para matarlo. Él tenía que experimentar un encuentro cara a cara con Dios en Peniel y hacer un compromiso total para poder enfrentar su hermano enemigo con confianza y ganarlo para la causa.

> [3] *Y saliendo a Eliseo los hijos de los profetas que estaban en Bet-el, le dijeron: ¿Sabes cómo el SEÑOR quitará hoy a tu señor de tu cabeza? Y él dijo: Sí, yo lo sé; callad.*

¿Por qué dijo a los profetas que se callaran? ¿Por qué no les dijo que declararan lo que sabían acerca de lo que el Señor está por hacer?

Actualmente tenemos profetas por todas partes muy ansiosos de profetizar. En "Bet-el", al nivel de compromiso del diez por ciento, hay abundancia de profetas (o maestros de profecía) que quieren quedar registrados, prediciendo lo que ocurrirá después.

Ellos aún tienen complicadas gráficas y diseños. La mayoría de ellos están intrigados con la experiencia de Bet-el. Y nunca considerarían salir.

> [4] *Y Elías le volvió a decir: Eliseo, quédate aquí ahora, porque el SEÑOR me ha enviado a Jericó. Y él dijo: Vive el SEÑOR y vive tu alma, que no te dejaré. Vinieron, pues, a Jericó.*

"Quédese aquí".

Muchos desesperadamente buscan una palabra de un verdadero profeta de Dios como Elías, y estarían animados a quedarse en "Bet-el" por el resto de sus vidas. Imagínelos contando el testimonio después de cómo "Elías", o "Juan Bautista" o quienquiera que Dios pueda estar usando ahora para decirles que esperen en Bet-el bajo el voto de Jacob con la mentalidad del noventa por ciento para mí y el diez por ciento para Dios.

Está bien con Dios si alguno desea quedarse en Bet-el, pero Eliseo sabía que haciendo eso lo descalificaría de la plenitud del nuevo día de Dios.

"¿Quédese aquí?" ¡No Señor!

Eliseo sabía que él no podía quedarse allí, aún con una palabra directa personal de Elías. ¿Por qué Eliseo no siguió la palabra de Elías? ¿Por qué no se quedó en Bet-el? Porque Dios no le dio a Eliseo una palabra personal directa para quedarse.

Esto da brillo a una luz sobre el problema que tenemos hoy. Es mucho más fácil conseguir palabras de un profeta o de muchos profetas que pagar el precio del compromiso total necesario para recibir la guía directa de Dios. La Palabra directa del SEÑOR no fluye libremente en el ámbito del compromiso del diez por ciento.

Si usted decide quedarse en el ámbito de vida del diez por ciento, usted debe buscar un pastor o grupo para diezmar. A cambio, ellos garantizarán su prosperidad en "Bet-el" y estar disponibles para aconsejar cada movimiento que usted haga. Si usted estudia la historia, usted encontrará que Bet-el llegó a estar tan corrupto que Dios quitó su presencia. Después que inicialmente fue llamada la Casa de Dios por Jacob, esta degeneró al punto que Dios la abandonó por completo, y nunca regresó.

Los que desean pegarse con el compromiso de Bet-el pueden continuar haciéndolo, pero lo que aprendemos del ejemplo de Eliseo es que él no estaba contento con quedarse en Bet-el.

Vinieron pues a Jericó ... Jericó significa "ella tiene su propia luna"; Jericó fue totalmente destruida excepto la casa de la ramera Rahab. Ella y su familia fueron salvas porque ella escondió los dos espías de Dios y marcó la ventana de su casa con un hilo escarlata. Jericó simboliza otra parte de la religión de los hombres. La luna representa el pueblo de Dios (Israel y la iglesia). Sin embargo, en Jericó, ellos deseaban tener su propia luna — para reflejar su propia luz en vez de la luz de Dios.

Josué pronunció una maldición sobre cualquiera que reconstruyera Jericó, pero fue reconstruida en los días del Rey Acab por Hiel, el Bet-elita a costa de sus dos hijos (1 Reyes 16:34).

En las pasadas décadas hemos visto a muchos modernos Bet-elitas reconstruyendo furiosamente sus propias versiones de Jericó con consecuencias desastrosas para sus hijos.

La Iglesia es similar a esto cuando sigue el mundo natural. Pensamos que estamos experimentando un gran avivamiento, una luna llena, pero esta no permanece. En vez de eso, continúa decreciendo hasta que no queda nada. De hecho, en momentos, la iglesia ha entrado en un eclipse total como la "luna" se interpone entre el sol y la tierra causando un apagón total durante lo que se supone es de día.

Ha habido momentos en las que la iglesia era tan apóstata y llena de corrupción que aún los historiadores no cristianos la describieron como los tiempos oscuros hasta el Renacimiento y la Reforma, que permitió algo de luz.

Eliseo pudo haberse quedado en Jericó entre aquellos que construían sus propios reinos por encima y más allá de los mandamientos de Dios. Muchos lugares como este existen.

> 5 Y se acercaron a Eliseo los hijos de los profetas que estaban en Jericó, y le dijeron: ¿Sabes cómo el SEÑOR quitará hoy a tu Señor de tu cabeza? Y él respondió: Sí, yo lo sé; callad.

Si el compromiso del diez por ciento de Bet-el es suficiente, hay un amplio espacio en Jericó por un brillante y nuevo ministerio para construir un imperio. Eliseo habría sido muy bien recibido en Jericó, pero él les dijo a sus profetas que guardaran silencio.

El reino que viene no es el ámbito de profetas que le dice a las personas cosas que no perciben. En vez de eso, será un nuevo día en el cual solamente aquellos que tienen un corazón limpio serán movidos por Dios.

Ellos tienen acceso directo con el Señor y no requerirán a los profetas de Bet-el o de Jericó.

El Señor Jesús no corrió buscando la confirmación de otros profetas (Jesús es el ejemplo para todos nosotros). Su corazón está unido con el corazón de su Padre porque él está limpio. Él era el templo de Dios, porque su Padre moraba dentro de él por el Espíritu Santo. Esto es lo que Dios tiene ahora para aquellos que tienen un corazón puro—los que tienen la presencia del Señor Jesús y su Padre. Ellos no necesitan ir a través de las formas de los profetas de Bet-el o Jericó. Esto está ligado al cumplimiento espiritual del Día de Reconciliación o de Expiación (Levítico 23:27–32).

> 6 *Y Elías le dijo: Te ruego que te quedes aquí, porque el SEÑOR me ha enviado al Jordán. Y él dijo: Vive el SEÑOR, y vive tu alma, que no te dejaré. Y así fueron los dos.*

Recuerde que todo esto empezó en Gilgal, que es la segunda circuncisión de los hijos de Israel después de la larga jornada a través del desierto, el desierto de Pentecostés. Este desierto salvaje (de las aparentemente "buenas" intenciones del hombre), también representa la edad de la iglesia, como la hemos conocido hasta ahora. Con el propósito de entrar plenamente en el ámbito de la victoria, de la unción que vence, de la unción que pudre y destruye el yugo de los hombres, es necesario ir voluntariamente al Jordán cuando Dios decida que es tiempo de cumplir el Día de Reconciliación (Levítico 23:29). Este era el único día en el año que el Sumo Sacerdote estaba autorizado para entrar en el ámbito del Lugar Santísimo detrás del velo. Jesús es ahora nuestro Sumo Sacerdote y podemos entrar en la sala del trono de la presencia de Dios si estamos escondidos en su vida.

Este ámbito es por invitación solamente (Mateo 20:16; 22:14; Apocalipsis 17:14).

Elías y Eliseo fueron al Jordán, el cual prefigura el día de Reconciliación. El Jordán representa más que volver nuestra espalda al compromiso del diez por ciento de Bet-el y los reinos privados de Jericó. El Jordán es mucho más que una circuncisión (segunda o de otra manera). El Jordán significa la muerte actual del hombre viejo. El hombre viejo no puede heredar el reino de Dios, porque la carne y la sangre no pueden heredar el reino de Dios (1 Corintios 15:50). El Nuevo Testamento también deja claro que Elías entró en la plenitud del reino de Dios, porque él estaba presente en la gloria de Dios en el Monte de la Transfiguración (Mateo 17:3; Marcos 9:4).

> 7 *Y vinieron cincuenta varones de los hijos de los profetas, y se pararon enfrente a lo lejos; y ellos dos se pararon junto al Jordán.*

Esta es otra referencia a los de Pentecostés (la iglesia) que no están bastante dispuestos a pagar el precio de total rendición — muerte al hombre viejo y todo lo que el Jordán representa. Cuando el Señor Jesús fue a la cruz, de acuerdo al relato de Mateo, solamente unas pocas mujeres lo siguieron de lejos, y aparentemente Mateo estaba haciendo su observación todavía más lejos (Mateo 27:55). Mateo no registró algunos de los acontecimientos relatados por Juan quien permaneció al pie de la cruz.

Los cincuenta profetas (representan la iglesia de la edad de Pentecostés) estaban mirando de lejos. En el día de la iglesia moderna, la mayoría no le enseñará a dar su vida por el Señor, aunque ellos dan cursillos prácticos o seminarios acerca de casi todo lo demás.

En vez de eso, su mensaje de prosperidad les dice a las personas que reciban al Señor, para que les vaya mejor en el trabajo; entonces el Señor los bendecirá con salud y dinero y ayudará a resolver todos sus problemas. Si usted continúa teniendo necesidades, usted solamente tendrá que seguir asistiendo a sus reuniones y participar en sus rituales, y pagarles sus diezmos y ofrendas. Entonces ellos prometen que el Señor resolverá cualquiera de sus problemas que permanezcan, mientras ellos le conceden a usted acceso a su línea de oración de tiempo completo y a sus centros de consejería.

Pero, ¿le enseñan ellos alguna cosa acerca de ir al Jordán? ¿Ir a la cruz? ¿Morir una muerte lenta y agonizante? Ellos no hablan acerca de seguir al Señor hasta la actual muerte del hombre viejo (la naturaleza vieja) o cómo el Señor usará las circunstancias de esta vida para terminar todo lo relacionado al hombre viejo y la vieja naturaleza. Tales cosas no están incluidas en su mensaje en absoluto. Ellos no predican esto, porque si lo hicieran las multitudes no vendrían a ellos.

Por tanto, después que Eliseo les dijo a los cincuenta profetas que guardaran silencio, ellos vinieron y miraban desde lejos. Ellos querían ver lo que les iba a pasar a Elías y Eliseo en el Jordán, pero ellos mismos no deseaban entrar en el Jordán.

> 8 Tomando entonces Elías su manto, lo dobló, e hirió las aguas, las cuales se apartaron a uno y otro lado, y pasaron ambos en seco.

Cuando hacemos el compromiso de seguir al Señor no importa qué — cuando estamos cubiertos por un pacto de sangre según los términos de Dios — es posible caminar directamente a través de la muerte sin siquiera notarlo.

La historia de Enoc es similar. Las Escrituras declaran que Enoc no vio la muerte. En Hebreos 11, Enoc es mencionado en los héroes de la fe y al final de la lista dice, *y todos estos murieron* (Hebreos 11:13).

Antes de la obra de redención de Jesús en la cruz, el diablo tenía las llaves de la muerte y del Hades. De acuerdo a la parábola del hombre rico y Lázaro, había dos compartimentos para los muertos. En el primer compartimento, él tenía a Abraham, a todos los patriarcas, y a todos los demás que esperaban la redención. En el segundo estaban los perdidos, y había un abismo intransitable entre ellos que no permitía pasar de acá para allá pero sí era posible conversar. (Lucas 16:22–26).

Pero, ¿qué le sucedió a Enoc? De acuerdo a Hebreos 11:13, él murió, y en 11:5 se nos dijo que no vio la muerte porque *agradó a Dios*. Él fue llevado directamente a la presencia de Dios. Para entender esta aparente información contradictoria debemos recordar que la muerte, que está descrita como Hades, es un lugar del cual el diablo tenía las llaves. Sin embargo, Apocalipsis 1:18 aclara que Jesucristo ahora tiene las llaves. Hasta la obra redentora de Jesucristo, aun Abraham y los otros patriarcas fueron rehenes por la muerte en el Hades hasta que Jesús descendió al Hades, llevó cautiva la cautividad, y ascendió a lo alto (Efesios 4:8–10).

El Hades es la primera muerte. Esta difiere del lago de fuego que es la segunda muerte y el verdadero infierno (Mateo 10:28; Apocalipsis 20:14). Muchas Biblias traducen erróneamente y confunden Hades, la primera muerte, con el lago de fuego. ¿Entonces por qué Enoc no fue a la cárcel del diablo en el Hades cuando murió? Porque él murió en obediencia, caminando con Dios, y el diablo no podía retenerlo.

Este es otro ámbito y es esencialmente la misma cosa que le sucedió a Moisés (Judas 9). Elías es un caso similar, y Eliseo acompañó a Elías en el ámbito más allá del velo, como es simbolizado cuando cruzó el Jordán y luego regresó a este lado después de cruzar de nuevo el Jordán solo. De hecho, cuando los hijos de Israel entraron a la tierra prometida, ellos milagrosamente cruzaron el Jordán, presentando el mismo tipo de símbolo.

El significado simbólico muestra que no es posible recibir la plenitud del reino de Dios en la vida del hombre viejo. El reino de Dios y la heredad de los santos son para los que son parte del nuevo hombre en Cristo. No podemos decir plenamente que las cosas viejas han pasado y todas las cosas son nuevas hasta que el hombre viejo esté realmente muerto.

Si caminamos con Jesucristo, guiados por el Espíritu de Dios, él nos llevará más allá de la muerte. Elías usó su manto para abrir las aguas del Jordán. Está cubierta simbolizaba una directa relación con Dios. Este mismo manto le permitió a Elías permanecer en la presencia de Dios en la montaña de Dios y vivir (1 Reyes 19:13). Cuando Elías y Eliseo llegaron al Jordán (el cual es la muerte), este se abrió para ellos, y ellos pasaron por tierra seca.

Por tanto, de otra parte (el otro lado de la muerte es lo mismo que el otro lado del velo), ellos estaban en lo que es simbolizado por el lugar Santísimo — la presencia de Dios. Ellos dejaron este lado y entraron en el lugar de total victoria para el pueblo de Dios al otro lado del Jordán. Dios tendrá un pueblo que puede entrar allá y además regresar acá. Eliseo representa esto. Los últimos siete capítulos de Ezequiel también dan luz sobre este mismo concepto.

El templo de Ezequiel no tiene Lugar Santo; este solamente tiene un interior y un exterior (Ezequiel 42–44).

Los sacerdotes que contaminaron el Lugar Santo e hicieron que Israel pecara, estaban todos afuera y no podían entrar en la presencia de Dios. Solamente una familia de sacerdotes, los hijos de Sadoc (significa justicia) les era permitido permanecer en la presencia de Dios. Ellos ministraron al Señor y también pudieron salir y tener contacto con el pueblo afuera.

> 9 *Y cuando pasaron, Elías dijo a Eliseo: Pide lo que quieres que haga por ti, antes que sea quitado de ti. Y dijo Eliseo: Te ruego que una doble medida de tu espíritu sea sobre mí.*

Y cuando pasaron ... Ellos realmente cruzaron el Jordán para que Eliseo tuviera la oportunidad de hacer su petición, como se indicó anteriormente, Elías significa "Dios mismo" en Hebreo. Elías tenía una medida del Espíritu de Dios, y Eliseo deseaba una doble medida.

> 10 *Y él le dijo: Cosa difícil has pedido. Si me vieres cuando fuere quitado de ti, te será hecho así; mas si no, no.*

Ahora ellos estaban al otro lado del Jordán, las cosas eran críticas. Eliseo no podía estar distraído. Él tenía que mantener a Elías a su vista todo el tiempo.

En este ejemplo simbólico, ¿qué es lo que Elías representa exactamente para nosotros? Él es la primera medida. Elías es lo poco o mucho que Dios nos ha dado hasta ahora. La Palabra de Dios dice que el que es fiel en lo poco será fiel en lo mucho. El que no es fiel en lo poco, lo poco que tiene le será quitado (Mateo 25:20–30; Lucas 16:10–13; 19:11–27).

Eliseo se encontró en esta situación en su caminar con Elías en esta nueva dimensión. Era todo o nada.

Es posible quedarse en Gilgal o permanecer contento en Bet-el con un compromiso del diez por ciento. Usted puede quedarse en Jericó, y nada sucederá inmediatamente. Pero si usted escoge ir al otro lado del Jordán cuando Dios concede la oportunidad, esto no es un juego. Cualquiera que entre en el ámbito del Lugar Santísimo y que no está cubierto, protegido, y escondido dentro de la vida de Jesucristo será destruido.

Nada que esté sucio puede permanecer en la presencia de Dios. Por eso Dios desterró a Adán y Eva de su huerto. Por esto es que él puso querubines con una espada flameante a la entrada del huerto — para asegurarse que ellos nunca podrían regresar por su propia cuenta.

Los querubines y la espada flameante estaban bordados en el velo separando el Lugar Santo del Lugar Santísimo como un recordatorio, así nadie en el Lugar Santo decidiría entrar al Lugar Santísimo por su propia cuenta. Por esto es que los cincuenta profetas de Jericó estaban mirando de lejos. Esto solamente tiene lugar en el momento de la invitación y el diseño de Dios.

Elías tuvo que hacer esto, porque *está establecido a los hombres, que mueran una vez; y después de esto, el juicio* (Hebreos 9:27). Este era el tiempo señalado para que Elías se fuera, pero Eliseo no estaba contento de quedarse a este lado del Jordán.

> 11 Y aconteció que, yendo ellos hablando, he aquí, un carro de fuego con caballos de fuego apartó a los dos; y Elías subió al cielo en un torbellino.

No dice realmente que Elías subió al cielo en un carro de fuego. Un carro de fuego vino y separó a Elías de Eliseo, y Elías subió al cielo en un torbellino. Los carros y caballos de fuego venían de la presencia de Dios, y el torbellino representa el juicio de Dios (el cual es muerte al hombre viejo natural). Aquellos que tienen sus corazones puestos en las cosas de este mundo, a este lado del Jordán, siempre temerán la muerte y los juicios de Dios.

Eliseo no temía. Él estaba limpio y caminando en justicia. La presencia de Dios vino tan cerca de él que pudo ver los caballos y los carros de fuego, y el torbellino, y estuvo completamente ileso mientras Elías desapareció arriba en el cielo.

La presencia de Dios destruirá a cualquiera que no está limpio. El torbellino, símbolo del juicio, elevó a Elías al cielo. Para una persona que está limpia en la vida de Dios, el juicio no los herirá.

Esto solamente los elevará a un lugar más alto. Dios no destruirá al justo junto con el impío.

Un carro de fuego apartó a los dos … El carro de fuego parece estar en el piso, no en el aire, por esto separó a los dos … *y Elías subió al cielo en un torbellino* …

> 12 Y viéndolo Eliseo, clamaba: ¡Padre mío, padre mío, carro de Israel y su gente de a caballo! Y nunca más le vio, y trabando de sus vestidos, los rompió en dos partes.

Israel es uno de los nombres de Dios. Israel puede significar "él dominará como Dios", refiriéndose a Cristo.

El diablo no fue capaz de retener a Elías y encerrarlo en el Hades, porque el carro y los jinetes de Israel intervinieron. Elías subió a los cielos en un torbellino en vez de bajar a la prisión de Satanás en el Hades (Hebreo *Seol*) con las almas de aquellos esperando la redención.

> 13 Y alzando el manto de Elías que se le había caído, volvió, y se paró a la orilla del Jordán.

El Señor dividió la vida del profeta Eliseo en dos partes: antes y después de este tremendo encuentro con la presencia de Dios.

Todos los apóstoles del Nuevo Testamento recibieron su comisión directamente del Señor Jesucristo. Los que intentaron cumplir con lo que la iglesia ha llamado la Gran Comisión sin ser comisionados directamente por Jesús, lo hacen a su propio riesgo. Es imposible tener un ministerio apostólico sin haber tenido un encuentro con la presencia directa de Dios.

Hoy el término *apóstol es considerado* arcaico o pasado de moda en algunas partes. Algunos prefieren usar la palabra *misionero.* Otros usan mal la palabra *apóstol* para describir a los que se han elevado ellos mismos o que han sido elevados por decisiones humanas. Sin duda alguna, Dios está por mostrar una gran diferencia entre aquellos que él ha enviado y los que no ha enviado.

El ministerio de Eliseo es símbolo de lo que está por suceder. Esto afectará a todo el pueblo de Dios, porque el Señor está por hacer esta división: antes y después. Este era el caso con el ministerio de Juan el Bautista quien vino en el espíritu y poder de Elías para preparar el camino para el Señor Jesús. Este es también el caso ahora, mientras el pueblo de Dios está siendo preparado para la segunda venida.

¿Recuerda la presencia de Moisés y Elías con Jesús en el Monte de la Transfiguración? Al final Moisés y Elías se desvanecieron, y solamente quedó Jesús mientras el Padre hablaba. La unción de la Pascua y Pentecostés desvanecerá mientras la segunda venida de Jesucristo se acerca cada vez más.

La medida sencilla es una cosa. La doble medida es otra. Cuando Dios une su pueblo limpio de la doble medida con Jesucristo como la cabeza (Apocalipsis 10), la unción será ilimitada. Esto es transformación total.

> 13 *Y alzando el manto de Elías que se le había caído, volvió, y se paró a la orilla del Jordán.*
>
> 14 *Y tomando el manto de Elías que se le había caído, hirió las aguas, y dijo: ¿Dónde está el SEÑOR Dios de Elías? Y cuando hirió las aguas, se apartaron a uno y otro lado, y pasó Eliseo.*

La cosa nueva que está viniendo no es diferente de Elías. Este es el mismo SEÑOR Dios de Elías, pero dispensando en otra concentración, otro nivel. Esto también es símbolo de algo que sucedió después que Jesús murió y se levantó de nuevo. Cuando él sopló sobre sus discípulos y les dijo: *Tomad el Espíritu Santo* (Juan 20:22), él pronto ascendió al cielo de una manera similar a Elías.

Después de su muerte y resurrección, e incluso después de su ascensión, Jesús demostró que él puede ir de acá para allá entre el ámbito corrupto de esta tierra y el ámbito celestial como cuando apareció a Saulo de Tarso en el camino de Damasco.

El diablo ha continuado reinando sobre este mundo hasta ahora. Pronto el Señor Jesús regresará y el diablo será quitado de su lugar. Jesús es ahora la cabeza del cuerpo de Cristo de muchos miembros y la segunda venida de Jesucristo afectará todo el cuerpo y nos involucra.

Cuando su cuerpo sobre la tierra está victoriosamente llevando el buen fruto que él desea, él físicamente regresará como la cabeza en poder y gloria abrumadora acompañado por todos sus santos

(Judas 14–15). Sin embargo, el nuevo día puede empezar en una manera muy sutil como la transición entre 1 Reyes y 2 Reyes. Aconteció un cambio y el rey que gobernaba sobre lugares como Gilgal, Bet-el y Jericó no se dio cuenta.

Él pensó que todavía podía enviar sus soldados para arrestar a Elías, pero un nuevo día ya había amanecido.

Estamos en el comienzo del nuevo día en Dios — un punto de inflexión en la historia — exactamente como Eliseo al principio de su ministerio de la doble medida.

> 15 Y viéndole los hijos de los profetas que estaban en Jericó al otro lado, dijeron: el espíritu de Elías reposó sobre Eliseo. Y vinieron a recibirle, y se inclinaron delante de él hasta la tierra.

La segunda venida también involucra la edad cumplida (o madurez) del cuerpo real de Cristo — un cuerpo compuesto de muchos miembros (Efesios 4:13). Eliseo simboliza esto. Los cincuenta hijos de los profetas de Jericó reconocieron esto y adoraron a Eliseo. Una situación similar ocurrió con José y sus hermanos (Génesis 42:6).

> 16 Y le dijeron: He aquí hay con tus siervos cincuenta varones fuertes; vayan ahora y busquen a tu señor; por ventura lo ha levantado el espíritu del SEÑOR, y lo ha echado en algún monte o en algún valle. Y él les dijo: No enviéis.

¿Por qué querían buscar a Elías? Los cincuenta profetas, aún lo mejor de Pentecostés, ahora se dieron cuenta que la unción de Elías se había ido. La unción de Pentecostés se había ido. La unción que ellos habían usado para que sus dones y ministerios y profecías funcionaran ahora se había ido (Ezequiel 46:17). Por eso es que todos ellos querían buscar a "Elías". ¡Pero Eliseo les dijo que no los enviaran!

No continúe buscando lo que Dios estaba haciendo en el pasado. Él no repetirá lo mismo. De ahora en adelante, es necesario cruzar el Jordán y experimentar un encuentro directo con la gloria de Dios.

Aquellos que no quieren morir al hombre viejo no tendrán la unción del Lugar Santísimo, porque la unción de los dones y ministerios vinculados al Lugar Santo está desapareciendo rápido y pronto terminará.

> 17 *Mas ellos le importunaron, hasta que, avergonzándose, dijo: Enviad. Entonces ellos enviaron cincuenta hombres, los cuales lo buscaron tres días, mas no lo hallaron.*

"Cincuenta" hombres se identifica con Pentecostés, que también lo asocia a la iglesia. Jesús se levantó de entre los muertos al tercer día, y esta también es una profecía de la resurrección del cuerpo de Cristo en el principio del tercer día milenial (Apocalipsis 20:4–6).

Muchos intentan regresar a los días de gloria del pasado avivamiento, y aunque estos pasados avivamientos tienen gran contribución a nuestra herencia espiritual, es imposible para nosotros regresar a lo que Dios hizo en el pasado.

> 18 *Y cuando volvieron a él, que se había quedado en Jericó, él les dijo: ¿No os dije yo que no fuerais?*

Estamos entrando en un nuevo día, y no podremos regresar a los días antiguos, aunque tengamos recuerdos memorables de todo lo que Dios ha hecho en el pasado.

La unción está atada al manto de Elías, el cual representa la manera en que Dios directamente cubrió a Elías sin necesidad de intermediarios humanos. De ahora en adelante, solamente aquellos fieles probados en lo poco les será dado más. Solamente los que han ido con Elías (Dios mismo) a través del Jordán y han regresado con el manto de una comisión divina directa les será dada la doble medida.

> 19 *Y los hombres de la ciudad dijeron a Eliseo: He aquí el asiento de esta ciudad es bueno, como mi señor ve; mas las aguas son malas, y la tierra enferma.*

Este es el presente estado de la ciudad de la religión de los hombres. El agua (el mensaje que está fluyendo) es malo, y la tierra es árida e incapaz de producir el fruto del Espíritu. La representación y cosas de Dios han sido contaminadas. Incluso los fieles a Dios han sido forzados a vivir en medio de la podredumbre y la corrupción. Pero observe lo que sucederá ahora:

[20] Entonces él dijo: Traedme una botija nueva, y poned en ella sal. Y se la trajeron.

[21] Y saliendo él a los manaderos de las aguas, echó dentro la sal, y dijo: Así ha dicho el SEÑOR: Yo sané estas aguas, y no habrá más en ellas muerte ni enfermedad.

[22] Y fueron sanas las aguas hasta hoy, conforme a la palabra que habló Eliseo.

Esta doble medida de unción animará al pueblo de Dios y traerá el cumplimiento de muchas profecías escritas a lo largo de toda la Biblia. El tiempo viene cuando no tendremos que aguantar circunstancias imposibles, pues podremos vencer la corrupción y la enfermedad.

El hijo mayor de cada familia en Israel era merecedor de una doble medida de la herencia al llegar a la madurez. Eliseo significa *"Dios de (el) que viene"* y está tipificado con recibir la herencia de la doble medida del Espíritu, la cual pertenece a Jesucristo. Que podamos tomar el ejemplo de Eliseo de corazón y en el tiempo de Dios ser coherederos con Cristo (Romanos 8:17). ¿No es esto interesante? El ministerio de Eliseo es similar, pero muy diferente del ministerio de Elías. Este es el mismo Espíritu, pero más intenso y con posibilidades de victoria que no existían antes.

[23] Después subió de allí a Bet-el; y subiendo por el camino, salieron los jóvenes de la ciudad, y se burlaban de él, diciendo: ¡Calvo, sube! ¡calvo, sube!

Las Escrituras se refieren a tres etapas básicas de madurez (natural y espiritual): los niños están bajo la ley de su madre, los jóvenes que están sometidos voluntariamente a sus padres hasta la edad de madurez (que para los judíos bajo la ley era treinta años), y los que han llegado a la mayoría de edad y han logrado el nivel de madurez requerido con el propósito de recibir una herencia o estar en un ministerio espiritual.

En el momento que esto tiene lugar, los "jóvenes" de la ciudad se refiere a aquellos que están entre las edades de doce a treinta años. Espiritualmente, los niños están categorizados con la Pascua y la edad de la ley, tal como los hijos de Israel; y los jóvenes están categorizados con Pentecostés (la iglesia) y la edad de la gracia que está terminando.

El deseo y propósito de Dios es traer a todo su pueblo a la madurez. Muchos ejemplos en las Escrituras tienen que ver con tiempos y sazones relacionados con la cosecha final. La inmadurez es un estado necesario de desarrollo; sin embargo, no es para ser un fin en sí misma.

Las consecuencias fueron muy serias para los "jóvenes" de Bet-el (Casa de Dios) cuando empezaron a burlarse de Eliseo, quien definitivamente había llegado a la madurez espiritual. En Hebreo *calvo* significa "sin gloria", y Eliseo exactamente había regresado de un encuentro muy cercano con la gloria de Dios — con el manto de Elías y la doble medida del Espíritu.

Los que permanecen en Bet-el bajo el compromiso del diez por ciento nunca llegan a la madurez espiritual.

Como resultado, ellos nunca desarrollan el discernimiento perfecto que viene con la madurez (perfección y madurez son la misma palabra en Hebreo). Jesús dijo que cualquiera que hablara contra él podía ser perdonado, pero cualquiera que blasfemare contra el Espíritu Santo no le será perdonado ni en este siglo, ni en el venidero. (Mateo 12:31–32; Lucas 12:10).

> 24 Y mirando él atrás, los vio, y los maldijo en el nombre del SEÑOR. Y salieron dos osos del monte, y despedazaron de ellos cuarenta y dos muchachos.
>
> 25 De allí fue al monte del Carmelo, y de allí volvió a Samaria.

Ni siquiera se dieron cuenta estos "jóvenes" que había amanecido, y que los tiempos habían cambiado radicalmente. Es triste que mucha gente hoy (incluso en edad avanzada) en la iglesia permanecen en Bet-el en el estado más deplorable de inmadurez porque nunca siguieron con Dios.

Cuarenta y dos en las Escrituras es símbolo de lo que debe ser corregido en el hombre. Los hijos de Israel tuvieron cuarenta y un campamentos en el desierto y entraron en la Tierra Prometida bajo el liderazgo de Josué (Josué en Hebreo equivale a Jesús en Griego), y montaron su campamento número cuarenta y dos después de cruzar el Jordán.

Cuarenta y dos es seis (número de hombre) multiplicado por siete (número de Dios). En nuestro estado natural, ninguno de nosotros puede agradar a Dios. Él no está tratando de hacer una alianza con el hombre viejo porque él quiere que muera. Solamente existen dos posibilidades:

1. Podemos colocar voluntariamente nuestras vidas en el altar y caminar con Jesús el camino de la cruz (como Eliseo cruzando el Jordán con Elías).
2. Continuar desarrollando el hombre viejo (aun usando dones y ministerios de Dios para nuestro placer y formar nuestros reinos como Acab y sus hijos).

Los "jóvenes" inmaduros de "Bet-el" (a pesar de sus edades físicas reales) están a punto de tener un encuentro con "Eliseo" frente a frente y la gloria de Dios. Los que están usando a Dios para conseguir lo que quieren, están por ser separados de aquellos que están dispuestos a sacrificar sus propias vidas para hacer lo que Dios quiere.

El rey estaba acostumbrado a matar profetas y encarcelarlos de acuerdo a sus caprichos, pero él se estrelló frente a frente con Elías. Los jóvenes de Bet-el estaban acostumbrados a burlarsen de los que aseguraban que había un camino de madurez y total victoria (en Cristo) y que este camino conducirá a la muerte real del hombre viejo (la naturaleza vieja).

Los verdaderos profetas de Dios han sido abucheados, burlados, acosados y asesinados durante miles de años, y las mesas están a punto de girar.

Oremos:

Padre Celestial, te pedimos que podamos poder entender este mensaje y participar en tu nuevo día. Que, empieces en nuestros corazones, que podamos salir de bajo la maldición que afecta al hombre viejo en Adán, de manera que la luz de tu nuevo día de justicia pueda brillar a través de cada uno de nosotros. Amén.

Capítulo Nueve

La salida de Edom y la derrota de Moab

En el capítulo anterior, el Señor llevó a Elías al cielo mientras Eliseo se quedó en la tierra, y Eliseo pidió y recibió una doble medida del Espíritu que estaba sobre Elías. Esto corresponde con el deseo de Dios de tener un ministerio que lo represente a él como él es. El ejemplo de Eliseo en las Escrituras es sobresaliente. Muy pocos individuos claves descritos en la Biblia no tienen registrado ninguna cosa negativa. Eliseo junto con José, Daniel y Débora tienen esta distinción.

2 Reyes 3

> [1] *Y Joram hijo de Acab comenzó a reinar en Samaria sobre Israel en el año dieciocho de Josafat rey de Judá; y reinó doce años.*

Este versículo ofrece detalles interesantes. Sin entrar en el significado de los nombres, los números dieciocho y doce, asociados con estos reyes están vinculados con Israel y con la Iglesia (el pueblo de Dios) en las Escrituras. Doce denota la niñez espiritual, tal como los hijos de Israel bajo la ley, y dieciocho significa joven virilidad, tal como la iglesia bajo la gracia.

Joram fue un rey malo con uno o dos puntos buenos, y Josafat fue un buen rey con uno o dos puntos malos. Israel y la Iglesia han tenido muchos líderes como ellos.

> [2] *E hizo lo malo ante los ojos del SEÑOR, aunque no como su padre y su madre; porque quitó las estatuas de Baal que su padre había hecho.*

Acab, el padre de Joram quedó en la historia como el rey más malo que Israel haya tenido, y su madre Jezabel (que estaba aún viviendo en ese tiempo) fue la personificación de la religión falsa y corrupta enlazada con la idolatría y la fornicación.

> 3 Mas se dio a los pecados de Jeroboam, *hijo de Nabat, que hizo pecar a Israel; y no se apartó de ellos.*

Jeroboam no permitió al pueblo de Israel ir a Jerusalén a adorar delante del SEÑOR durante las tres fiestas obligatorias anuales de la Pascua, Pentecostés, y Tabernáculos. En vez de eso, él colocó becerros de oro en Samaria y Bet-el y estableció sus propios lugares de adoración. Hoy tenemos a aquellos que han establecido doctrinas diseñadas para evitar el camino de la cruz, prevenir la llenura del Espíritu Santo, para que la gente no venga a la madurez en Cristo. ¿Por qué hacen esto? Con el propósito de controlar al inmaduro. En algunos lugares de culto, las personas son tan inmaduras que son como fetos espirituales ligados al sistema religioso de la madre por un cordón umbilical. Ellos están todavía en la oscuridad, siendo alimentados a la fuerza y, si, sus corazoncitos laten pero les falta que nazcan de nuevo hacia la luz. Las Escrituras declaran que el alma (o vida) de la carne está en la sangre, y que sin derramamiento de sangre no hay remisión de pecado (Levítico 17:11; Hebreos 9:22).

Dios ordenó a Israel hacer sacrificios de sangre en el templo de Jerusalén, porque él quería que les quedara grabado la necesidad de tratar con el pecado y la carne. Aunque era imposible con la sangre de los toros y de los machos cabríos quitar los pecados (Hebreos 10:4), esto tipificó el supremo sacrificio de Jesús cuando él murió por nosotros una vez y por todos. Jesús es nuestro Cordero Pascual que murió para quitar nuestro pecado. Es solo por la llenura de su Espíritu Santo en Pentecostés que la iglesia recibió el poder para vencer la carne, el pecado, el mundo, y el diablo. Es solamente por nacer de nuevo en la vida de Jesús (este es el verdadero significado de la Pascua) que podemos recibir el Espíritu Santo (el verdadero significado de Pentecostés) y producir el fruto de justicia, el fruto del Espíritu, y llegar a la madurez en Cristo (representado por Tabernáculos).

Jeroboam reemplazó el verdadero culto de adoración a Dios por el culto de los becerros de oro (una forma del humanismo). Como Aarón y los hijos de Israel en el desierto, él empezó un culto de adoración a lo que Dios quería destruir. Los becerros simbolizan lo que está errado con el hombre viejo — el hombre carnal. La adoración de los becerros de oro representa el humanismo y las doctrinas de los hombres. Dios desea que nosotros hagamos morir las obras de la carne por medio del Espíritu, de manera que podamos vivir en el poder de su vida de resurrección. (Romanos 8:13).

Los pecados de Jeroboam incluyeron aislar al pueblo bajo su control, de manera que ellos no se podían mezclar con cualquiera fuera de su control. Esto incluía no permitir libertad al pueblo para estar bajo el control de Dios. Jeroboam estableció sus propios lugares de adoración, sus propias fiestas sagradas, su propia liturgia o formato de culto de adoración — todo lo cual estaba en directa competencia con lo que Dios ordenó.

Este tipo de cosas también ha tenido lugar repetidamente en la iglesia durante los últimos dos milenios.

> 4 *Entonces Mesa rey de Moab era pastor, y pagaba al rey de Israel cien mil corderos y cien mil carneros con sus vellones.*
>
> 5 *Mas muerto Acab, el rey de Moab se rebeló contra el rey de Israel.*

El rey de Israel tenía otro rey bajo él, que se suponía que debía pagarle tributo. Hoy muchas organizaciones religiosas esperan que los de la parte inferior paguen tributo a los de la parte superior. En muchos de estos lugares, es puesta presión en los líderes para conseguir más y más "corderos" y "carneros" y "lana". El rey de Israel no solamente demandaba las ovejas, él también les exigía que fueran esquiladas y la lana se la dieran a él. ¿No le parece esto familiar?

Esta es otra razón del porqué la rebelión y la división son frecuentes entre el pueblo de Dios. Las divisiones en la iglesia a menudo son causadas por peleas acerca de las "ovejas", "lana" y "carneros". En frente de tal rebelión, el rey de Israel juntó sus tropas y buscó aliados.

> 6 *Y salió entonces de Samaria el rey Joram, y reconoció a todo Israel.*

> 7 Y fue y envió a decir a Josafat rey de Judá: El rey de Moab se ha rebelado contra mí; ¿Irás tú conmigo a la guerra contra Moab? Y él respondió: Iré, porque como yo, así tú; como mi pueblo, así tu pueblo; como mis caballos, así también tus caballos.

Joram (e incluso Josafat) manejaron una serie de cosas de la manera equivocada y parecían totalmente olvidadizos a una serie de asuntos serios.

Bajo la ley de Dios, no le correspondía al rey numerar al pueblo perteneciente al ejército de Dios. Esto solo debía llevarse a cabo bajo la iniciativa de Dios, en dicho tiempo, una moneda de plata era recogida por cada persona numerada para simbolizar que ellos habían sido redimidos.

David se metió en problemas por numerar el pueblo por su propia iniciativa y sin el pago de la redención (Éxodo 30:12; 2 Samuel 24).

Moab era el hijo incestuoso de Lot, el sobrino de Abraham. Su nombre significa "de su propio padre" y es un símbolo de cierta religiosidad que admira al ministerio humano como su padre, en vez de tener una relación personal directa con Dios el Padre. Las Escrituras también claramente manifiestan que los reyes de Israel no debían confiar en caballos, lo cual simboliza el poder para hacer las cosas en la carne (Deuteronomio 17:16).

> 8 Y dijo: ¿Por qué camino iremos? Y él respondió: Por el camino del desierto de Idumea.

Joram pensó que estaba demasiado débil para enfrentar a Moab solo y decidió que él necesitaba más aliados. El convenció a Judá y Edom para ir con él a la batalla. Con el propósito de hacer esto, él escogió viajar *a través del desierto de Edom.*

> 9 Partieron, pues, el rey de Israel, el rey de Judá, y el rey de Idumea; y como anduvieron rodeando por el desierto siete días de camino, les faltó agua para el ejército, y para las bestias que los seguían.

Edom representa a los que construyen sus propios reinos en vez del reino de Dios. El camino de Edom es un desierto sin agua. El agua representa la Palabra del SEÑOR.

> 10 Entonces el rey de Israel dijo, ¡Ay! que ha llamado el SEÑOR estos tres reyes para entregarlos en manos de los moabitas.

¡La primera reacción del rey de Israel fue culpar al SEÑOR cuando Joram fue el que decidió ir por el camino del desierto de Edom!

> 11 Mas Josafat dijo: ¿No hay aquí profeta del SEÑOR, para que consultemos al SEÑOR por él? Y uno de los siervos del rey de Israel respondió y dijo: Aquí está Eliseo hijo de Safat, quien derramaba agua sobre las manos de Elías.
>
> 12 Y Josafat dijo: Este tendrá palabra del SEÑOR. Y descendieron a él el rey de Israel, Josafat, y el rey de Idumea.
>
> 13 Entonces Eliseo dijo al rey de Israel: ¿Qué tengo yo contigo? Ve a los profetas de tu padre, y a los profetas de tu madre. Y el rey de Israel le respondió: No; porque ha juntado el SEÑOR estos tres reyes para entregarlos en manos de los moabitas.

¿Quién convocó a estos reyes? El rey de Israel. Y lo hizo sin consultar al SEÑOR. Él no habría considerado consultar en este momento si Josafat no hubiera insistido. El rey de Israel tenía una fobia y pensaba que Dios era su enemigo.

Mucha gente en Israel y en América y alrededor del mundo, mantienen pensamientos subconscientes similares hoy en día. Ellos hacen sus propios planes sin haber tenido en cuenta a Dios, y cuando las cosas empiezan a ir mal, su conciencia culpable los golpea, y temen que Dios hará que algo terrible les ocurra.

Joram, como su padre Acab antes que él, parecía incapaz de asumir la responsabilidad por sus acciones. Él no se dio cuenta que si algo malo le ocurría como resultado de su propio plan, era su culpa — no de Dios.

Mientras viajo alrededor del mundo, encuentro mucha gente, y también grupos enteros, que mencionan el nombre del Señor, pero se comportan como Joram. Ellos vienen con un plan de acción por su cuenta, y cuando las cosas van bien, ellos se dan el crédito y creen que los resultados son porque el Señor los aprueba, su doctrina, y sus planes e ideas.

Sin embargo, si las cosas empiezan a agriarse y la iglesia se divide o ellos pierden su trabajo o tienen otras consecuencias negativas, muchos culpan a Dios. Ellos nunca consideran que sus problemas han venido porque ellos han obrado en la carne y nunca verdaderamente oyeron de Dios en primer lugar. Cuando Acab (y más tarde Joram) recibieron cien mil ovejas y cien mil carneros junto con toda la lana cada año, ellos verdaderamente pensaban que estaban siendo bendecidos. Sin embargo, cuando ellos, su gente, sus bestias y sus aliados estaban a punto de morir de sed, Joram pensó que Dios les había dicho esto a ellos y quiso entregarlos a sus enemigos. En cierto sentido, Dios nos permite a todos cosechar lo que hemos sembrado individual y corporalmente.

> 14 Y Eliseo dijo: Vive el SEÑOR de los ejércitos, en cuya presencia estoy, que si no tuviera respeto al rostro de Josafat rey de Judá, no te miraría a ti, ni te vería.

La palabra de Elías delante del rey Acab empezó de una manera similar: *Vive el SEÑOR Dios de Israel, delante de cuya presencia estoy ...*

> 15 Mas ahora traedme un tañedor. Y mientras el tañedor tocaba, la mano del SEÑOR vino sobre él;
>
> 16 y dijo: Así dijo el SEÑOR: Haced en este valle muchas acequias.
>
> 17 Porque el SEÑOR ha dicho así: No veréis viento, ni veréis lluvia, y este valle será lleno de agua, y beberéis vosotros, y vuestras bestias, y vuestros ganados.

El nuevo ministerio de Eliseo empezó cuando él cruzó de regreso al Río Jordán hacia el ámbito de la corrupción del hombre después de estar muy cerca de la gloria de la presencia de Dios.

La primera cosa que él hizo fue sanar las aguas de Jericó, que eran corruptas y estériles. Para la iglesia hoy, esto simboliza que Dios tendrá un ministerio limpio (aún hacia aquellos que han tomado parte en un sistema religioso corrupto, muchos de los cuales han representado a Dios de una manera mala y desagradable).

Él hará que fluya un mensaje puro, limpio el cual limpiará y purificará a los que se arrepienten. Esto traerá un gran cambio, pero no como la lluvia, el trueno y el relámpago en los días de Elías. Esto será completamente diferente. Dios simplemente hará que fluya "agua" en el desierto. Esto literalmente le sucedió a Eliseo, y esto sucedió espiritualmente cuando Juan el Bautista predicaba el arrepentimiento en el desierto en preparación para el ministerio de Jesús. Sin embargo, ahora estamos al final de la edad de la iglesia, y Dios una vez más hará que el agua de su palabra fluya en el desierto de las aparentemente buenas intenciones del hombre.

En cierto sentido, somos el desierto que Dios desea llenar con el agua de la Palabra de su presencia por el Espíritu Santo. En anteriores avivamientos, hubo reuniones enormes y manifestaciones externas espectaculares de arrepentimiento y la milagrosa presencia y eventos promovidos por el Espíritu Santo. Esta vez, sin embargo, Dios está por derramar su Espíritu en el desierto de una manera más tranquila y poderosa.

> 17 Porque el SEÑOR ha dicho así: No veréis viento, ni veréis lluvia, y este valle será lleno de agua, y beberéis vosotros, y vuestras bestias, y vuestros ganados.

En los días de Elías, era posible ver el viento y la lluvia; pero Eliseo aprendió que la verdadera presencia del SEÑOR no estaba en el viento, el fuego, o el terremoto.

Elías confrontó a Acab con una palabra de Dios, diciéndole que no habría lluvia ni rocío excepto por su palabra. Ahora en el ministerio de la doble medida, Eliseo está profetizando agua abundante y que el pueblo ni siquiera vería ni el viento, ni la lluvia. Además, hasta el "ganado" y las "bestias" satisfarían su sed. En lo que está viniendo, incluso aquellos que no están convertidos tendrán satisfecha su sed por lo menos una vez. Si tienen cualquier duda genuina o preguntas concernientes a Dios, él proveerá la respuesta.

> 18 Y esto es cosa ligera ante los ojos del SEÑOR; dará también a los moabitas en vuestras manos.

El juicio de Dios empezará con la casa del SEÑOR y sacará a los que son tibios (Apocalipsis 3:16). Moab era un pariente de la descendencia de Abraham (quien representaba a Dios el Padre), el padre de los que tienen fe; pero de acuerdo a la ley de Dios. A los moabitas no les era permitido entrar en el templo de Dios incluso hasta la décima generación (Deuteronomio 23:3). Moab que significa "de su mismo padre", era el hijo de Lot de la misma hija de Lot.

Esto es símbolo de los que reclaman la iglesia como su madre, pero en realidad, Dios no es su padre. Ellos han sido engendrados por un ministerio humano y no por intervención divina.

En este relato bíblico los moabitas dieron ocasión para el conflicto porque ellos insistían en retener los nuevos "corderos" y "carneros" junto con toda la "lana" que habían acumulado de esquilar las ovejas. Aunque Joram y los reyes de Edom tenían sus problemas e inconsistencias, Dios decidió confrontar a Moab primero.

Estamos aproximándonos rápidamente a un tiempo en la historia cuando los moabitas modernos estarán en apuros.

Algunos han robado y esquilado ovejas por muchos años y parece como si hubieran logrado evadir toda responsabilidad. Esto está por terminar. Esto es lo que Dios decretó contra ellos por boca del profeta Eliseo:

> 19 Y heriréis a toda ciudad fortalecida y a toda villa escogida, y talaréis todo buen árbol, y cegaréis todas las fuentes de aguas, y destruiréis con piedras toda tierra fértil.

El juicio de Dios está por caer sobre aquellos que se hacen llamar parte del pueblo de Dios, que no son verdaderos hijos del Padre Dios. Sus ciudades cercadas de primera calidad (congregaciones y aun denominaciones) quedarán devastadas. Dios no permitirá más que tengan "buenos" árboles, "fuentes" de agua, o "tierra" fértil. Dios no permitirá más que su Palabra fluya y prospere en "Moab".

> 20 Y aconteció que por la mañana, cuando se ofrece el presente, he aquí vinieron aguas por el camino de Idumea, y la tierra fue llena de aguas.

¿Qué sucede en la mañana? Un nuevo día amanece. ¿Qué es el "presente"? Este es el trabajo de nuestras manos, el cual solo es aceptable a Dios si estamos en el pacto apropiado con él. Observe: La *Biblia del Jubileo* traduce esta palabra apropiadamente empezando con la ofrenda de Caín en Génesis 4:3, y emerge un modelo a todo lo largo de las Escrituras. Cada sacrificio de sangre debía tener un presente (traducido en otras Biblias como ofrenda de grano).

La obra de nuestras manos solo es aceptable para Dios si estamos en un pacto de sangre con él y la vida de Jesucristo está fluyendo a través de nosotros en vez de nuestra propia vida Adámica corrupta.

Estamos en un momento en la historia cuando un nuevo día en Dios está amaneciendo.

En las Escrituras, es la tarde y la mañana que forman el día (Génesis 1:5). Es desde la noche de la adversidad, la oscuridad, y el caos que el nuevo día amanece. Este será un gran cambio.

En la mañana, cuando se ofrecía el presente (por la Ley hubo un sacrificio en la mañana y otro en la tarde y cada uno tenía que estar acompañado por un presente), ellos tenían que sacrificar un animal, y junto con el cordero, el grano que era obra de sus manos. Recuerde que Caín hizo esto al contrario y ofreció la obra de sus manos sin sacrificio de sangre y por lo tanto, fue rechazado (Génesis 4:3–5).

El verdadero cordero de Dios que quita el pecado del mundo es Jesucristo, y su sacrificio y la obra de sus manos (si le permitimos obrar en, y a través de nosotros) es aceptable a Dios Padre. Cuando estamos en un pacto de sangre con Jesucristo la obra de nuestras manos también es aceptable a Dios.

Esto significa que nuestro viejo hombre debe ser considerado muerto, y que Jesucristo debe estar vivo ***en*** nosotros por el poder del Espíritu Santo (Colosenses 1:26–28).

Por siglos, muchos han perdido la visión de la sencillez del evangelio, y ha tomado largo tiempo entender que es solamente la vida y la obra de Jesucristo que es aceptable a Dios el Padre. Él desea poner la vida de Jesucristo en cada uno de nosotros, y cuando Cristo reina en nosotros, la obra de nuestras manos por el poder del Espíritu Santo es aceptable a Dios. Es entonces cuando podemos hacer cosas para Dios que son ordenadas por Dios y realizadas por los recursos del Espíritu Santo lo cual influirán en el destino eterno de muchas personas (Efesios 2:8–10). De otra parte, si inventamos nuestras propias buenas obras, ellas no tienen la posibilidad de salvarnos a nosotros o a ninguno.

Sin embargo, Jesús desea trabajar en nuestros corazones, y después de limpiar nuestros corazones, él también desea trabajar a través de nosotros.

> *Y aconteció que por la mañana, cuando se ofrece el presente, he aquí vinieron aguas por el camino de Idumea, y la tierra fue llena de aguas.* (v. 20)

Todo el ejército había pasado la noche cavando acequias, de modo que ellos pudieron recibir la bendición de Dios cuando el nuevo día amaneció. Recuerde que muchos de los siete mil que no habían doblado rodilla ante Baal eran indudablemente parte de ese ejército. ¿De dónde venían el agua de la Palabra y la bendición de Dios? Venía por el camino de la salida de Edom. Edom es el símbolo de construir nuestros propios reinos en vez del verdadero reino de Dios.

¿Qué desea Dios para nosotros? Dios desea que pongamos nuestras vidas sobre el altar de Dios y abramos el camino para que el Espíritu Santo obre en nosotros. Entonces, cuando la bendición de Dios sea derramada, seremos una vasija que la puede contener. Dios desea que abandonemos Edom (el lugar de construir nuestros propios reinos). Es en el camino fuera de Edom que el agua de la vida de Dios nos alcanzará, si reconocemos que estamos en problemas y lo buscamos con todo nuestro corazón.

Cuando Elías confrontó a los profetas de Baal, él gastó mucho tiempo cavando una zanja alrededor de su sacrificio y derramando doce cántaros de agua sobre ella, hasta que se llenó la zanja conteniendo las dos medidas de semilla (1 Reyes 18:32). ¡Luego Eliseo tenía todo un ejército cavando acequias mientras se preparaban para recibir la bendición de Dios!

Exactamente, ¿qué significa esto y cómo se aplica a nosotros?

Cuando Dios envía el Espíritu Santo sobre nosotros, es más conveniente que seamos encontrados vacíos; que no seamos encontrados necios coqueteando con otros espíritus que no son santos; que nuestro orgullo y egoísmo estén en el altar en vez de que estén reinando en nuestros corazones. Si ofrecemos el "presente" (la obra de nuestras manos) bajo las condiciones que Dios busca, entonces él nos bendecirá y romperá la maldición que ha reinado desde Adán hasta ahora. Dios dice que no rechazará a los que vienen a él con un espíritu humilde y contrito. ¡El presente u obra de sus manos ofrecida por este ejército del fin del tiempo resultó ser un imponente y enorme conjunto de zanjas en el desierto!

Las aguas venían por el camino (saliendo) *de Edom.* Debemos dejar nuestros propios reinos atrás, nuestras propias cosas, nuestras propias obras y cuando nos encontremos en el desierto donde no hay nada, moriremos de sed si el Señor no interviene. Pero, ¿qué es lo que el Señor pide de nosotros? Él nos pide que oigamos su voz, hagamos caso, y abramos espacio (dentro de nosotros) para que él actúe.

> 21 Y todos los de Moab, cuando oyeron que los reyes subían a pelear contra ellos, se juntaron desde todos los que ceñían talabarte arriba, y se pusieron en la frontera.
>
> 22 Y cuando se levantaron por la mañana, y el sol salió sobre las aguas, vieron los de Moab delante de ellos las aguas bermejas como sangre;
>
> 23 y dijeron: ¡Esto es sangre! Los reyes se han revuelto, y cada uno ha dado muerte a su compañero. Ahora pues, ¡Moab, a la presa!

Moab se había rebelado contra Israel. Ellos decidieron guardar "las ovejas" y "los carneros" y la "lana". Hoy tenemos congregaciones, grupos de iglesias, y aun sinagogas y mezquitas que se separan junto a líneas similares.

Los moabitas rebeldes representan aquellos individuos o grupos que desean ser los padres (espirituales) y quieren que todo el mundo dependa de ellos en vez de unir el pueblo al Señor.

Cuando Dios envió aguas de bendición, Moab cometió una fatal malinterpretación. Dios desea cambiar el agua (de su Palabra) en el vino de su vida. Jesús hizo esto al principio de su ministerio en la boda de Caná (Juan 2:7–9). Los moabitas pensaron que el agua en esas acequias que traía vida a los reyes de Israel, Judá y Edom era realmente sangre. ¡Ellos malinterpretaron vida por muerte!

¡Ahora pues, Moab a la presa! No fue suficiente para conservar las cien mil ovejas, los cien mil carneros y toda la lana; no, ahora ellos querían también el despojo.

Dios está por obrar de tal manera que cada persona coseche los deseos de su corazón. Los que tienen un corazón para Dios y desean ver ganancia para el reino de Dios vivirán para verlo, y los que desean controlar y despojar a todos caerán en su propia trampa.

> 24 Mas cuando llegaron al campamento de Israel, se levantaron los israelitas e hirieron a los de Moab, los cuales huyeron delante de ellos; y los hirieron de nuevo; y siguieron empero hiriendo todavía a los de Moab.
>
> 25 Y asolaron las ciudades, y en todas las heredades fértiles echó cada uno su piedra, y las llenaron; taparon también todas las fuentes de las aguas, y derribaron todos los buenos árboles; hasta que en Kir-hareset solamente dejaron sus piedras; porque los honderos la cercaron, y la hirieron.

Kir-hareset, la capital de Moab significa "ciudad de ladrillos". Hoy el sistema religioso controlado por los moabitas es como una fábrica de ladrillos.

Si usted desea participar en este sistema, usted debe saltar a través de todos los aros. Con el propósito de ser bautizado, usted debe ir a una clase bautismal o clase de nuevos miembros. Para poder casarse hay que tomar otro curso aprobado obligatorio. Para ser líder, muchos requisitos hechos por el hombre deben ser seguidos en relación a la educación, la teología, y la doctrina. ¡Algunos "moabitas" aún requieren que una persona tome un seminario llamado Vida en el Espíritu para "recibir" el Espíritu Santo! Aquellos que no pasan tales cursos no cumplen los requisitos y no les es permitido pasar al siguiente nivel. A cada persona le es dada el mismo modelo a seguir, exactamente como haciendo ladrillos idénticos en una fábrica de ladrillos, como si la obra del Espíritu Santo puede ser controlada o moldeada por las tradiciones de los hombres. Esta es Kir-hareset.

De otra parte, cuando Dios construye, él usa piedras vivas. Él forma cada piedra única con su propia mano, y no hay dos piedras exactamente iguales. El Señor construirá su templo de estas piedras vivas con cada piedra viva diseñada y tallada por él para un lugar y propósito específicos. Él no usará un martillo o cualquier herramienta de hierro (símbolo del legalismo) cuando él junte su verdadero templo. Él ha planeado y trabajado sobre piedras individuales por más de seis mil años.

> 25 … *hasta que en Kir-hareset solamente dejaron sus piedras; porque los honderos la cercaron, y la hirieron.*

Esto parece indicar que los "honderos" también destinaron los ladrillos para sus catapultas y las dispararon en la ciudad de Kir-hareset hasta que solamente las piedras muy grandes para usarlas como munición quedaron alrededor de la ciudad.

Cuando el juicio de Dios cae sobre la tierra de "Moab", solamente permanecerán las verdaderas piedras de Dios.

> 26 *Y cuando el rey de Moab vio que la batalla lo vencía, tomo consigo setecientos varones que sacaban espada, para romper contra el rey de Idumea; mas no pudieron.*

Setecientos parece ser un número significativo y aquí representa la perfección de los planes del rey de Moab. Él hizo su último intento desesperado para abrirse paso al rey de Edom (Edom representa a los que construyen sus propios reinos) y falló.

Estamos entrando en un tiempo cuando los juicios de Dios están empezando a caer. Cuando Dios decide que alguien o alguna cosa no prevalecerán, ellos fallarán no importa que tan buenos parecen ser sus planes o que tan abundantes sus recursos.

Hasta ahora el trigo y la cizaña han crecido juntos en el mismo campo. El sol ha brillado y la lluvia ha caído sobre los que son buenos y los que son malos. Ahora, sin embargo, Dios está trayendo algunos de su pueblo en un nuevo día de un ministerio de la "doble medida" en el cual algunas de las viejas reglas cambiarán.

Cuando Elías confrontó los profetas de Baal y el verdadero fuego cayó del cielo, Elías le dijo al pueblo que no dejara que los profetas de Baal escaparán. Ahora Eliseo tenía los reyes y ejércitos de tres naciones enteras ayudando a traer los juicios de Dios sobre Moab. El juicio profético sobre la tierra de Moab declara que:

> 19 Y heriréis toda a toda ciudad fortalecida y a toda villa escogida, y talaréis todo buen árbol, y cegaréis todas las fuentes de las aguas, y destruiréis con piedras toda tierra fértil.

Cualquier verdadera piedra viviente de Dios que todavía está en la tierra religiosa de Moab será salva; todo lo demás será tratado cuando los juicios de Dios caigan.

> 27 Entonces arrebató a su primogénito que había de reinar en su lugar, y lo sacrificó en holocausto sobre el muro. Y hubo grande enojo en Israel; y se retiraron de él, y se volvieron a su tierra.

El rey de Moab es similar en algunas formas al diablo que intenta engañar a las personas religiosas diciéndoles que van a recibir la prosperidad de este mundo y reinar sobre el mundo como reyes. En muchos lugares religiosos, el Espíritu Santo ya no está presente. A cambio, otro espíritu, un espíritu de codicia, que es una forma de idolatría ha tomado lugar y el diablo que está detrás de esto seduce a las personas diciéndoles que pueden tener lo mejor de este mundo y el cielo por añadidura (Colosenses 3:5).

Sin embargo, el diablo es un mal perdedor. Cuando él ve que ha perdido la batalla, él será capaz y estará dispuesto a sacrificar a sus propios hijos — a los que prometió que reinarían. Las Escrituras declaran que la cizaña son los hijos del maligno. Cuando el diablo ve su destino inmediato que es estar atado por mil años con las cadenas de la muerte en el fondo del abismo (Apocalipsis 20:1–3), será muy probable que comenzara a sacrificar a sus propios hijos si piensa que puede tardar su propia derrota. Esto por supuesto, estará seguido por el juicio final y su eterna perdición en el lago de fuego al final de los mil años. (Apocalipsis 20:7–10).

Seis mil años de historia humana registrada han pasado. Durante ese periodo, las personas han tenido la oportunidad de hacer tratos con el diablo y recibir los beneficios de este mundo a cambio de vender su alma.

Esto no solo sucede en el ámbito de lo oculto. Mucho de esto ha infiltrado a Israel y a la iglesia por personas que desean controlar y manejar el pueblo de Dios, de la misma forma que ellos controlan y manejan las cosas de este mundo.

Esto es lo que está detrás de Moab y Kir-hareset—la gran ciudad de la religión de los hombres, construida de ladrillos idénticos. En otros ejemplos de las Escrituras, Babilonia y la Torre de Babel fueron hechos de ladrillos (Génesis 11:3). Dios no construye de esta manera. De hecho, él liberó a los hijos de Israel de fabricar ladrillos como esclavos del Faraón (Éxodo 1:14; 12:51). El diablo no va a consolidar los reinos de este mundo y reinar desde un gobierno mundial. Él ha tratado de hacer esto por seis mil años, pero su reino está dividido contra sí mismo y por tanto no puede permanecer; este continúa combatiendo y fragmentándose (Mateo 12:25–26). Cuando el diablo haga su última defensa, a él no le importará matar a sus propios hijos. Así es como terminará:

> Y respondiendo él, les dijo: El que siembra la buena simiente es el Hijo del Hombre; y el campo es el mundo; y la buena simiente son los hijos del Reino, y la cizaña son los hijos del malo;
>
> y el enemigo que la sembró, es el diablo; y la siega es el fin del siglo, y los segadores son los ángeles. De manera que como es cogida la cizaña, y quemada al fuego, así será en el fin de este siglo. Enviará el Hijo del Hombre a sus ángeles, y cogerán de su Reino todos los estorbos, y a los que hacen iniquidad,
>
> y los echarán en el horno de fuego; allí será el lloro y el crujir de dientes. Entonces los justos resplandecerán como el sol en el Reino de su Padre. El que tiene oídos para oír, oiga. (Mateo 13:37–43)

Los que son engañados por las promesas del diablo pronto se darán cuenta que sus promesas no solo son falsas, sino que conducen a la muerte (y a la perdición).

Todas las personas que en el nombre de Dios han ido tras de la prosperidad de este mundo con el diablo conduciéndolas y prometiéndoles más y más poder y dinero, tal vez ni siquiera reciban lo que se les ha prometido. Al final ellos perderán sus propias almas y su heredad eterna. Ellos nunca reinarán.

Por otra parte, el Señor Jesucristo heredará todas las cosas, y podemos permanecer firmes en él si estamos dispuestos a dar nuestra espalda a nuestra propia vida y renunciar a las obras de la carne, el mundo y el diablo.

Las Escrituras declaran: *Si sufrimos* (con él), *también reinaremos con él …* (2 Timoteo 2:12)

Todos los que hemos seguido al Señor Jesús, hemos sido contados como enemigos de este mundo y del sistema mundial. Todos los que hemos permanecido fieles al Señor a lo largo de toda la historia hemos sufrido persecución. El Señor está por invertir estas cosas.

Oremos:

Padre Celestial, te damos gracias por el tiempo que nos has dado. Gracias por enviarnos verdaderos profetas. Te pedimos que podamos estar entre tu remanente en medio de los grandes cambios que tú harás que acontezcan.

Te lo pedimos en el nombre de nuestro Señor Jesús. Amén.

Capítulo Diez

Los hijos de los profetas

Podemos aprender del éxito y del fracaso de otros. Todas las lecciones de los relatos en la Biblia nos pertenecen. Estas son proféticas. Dios usó a los israelitas de la antigüedad para mostrar lo que sucedería después en la iglesia cristiana.

La iglesia Cristiana con frecuencia ha seguido el mismo camino como los Israelitas. Dios bendijo la generación que caminó con él. Pero sus hijos casi siempre, en medio de las grandes bendiciones y prosperidad, volvieron sus espaldas a Dios. Este es el ciclo.

En el Nuevo Pacto, si hemos nacido de nuevo, de arriba por el Espíritu de Dios, somos parte de la línea real de Jesús y por tanto de la realeza. Jesús quiere prepararnos para asumir la responsabilidad como profetas, sacerdotes, y reyes que serán usados por Dios.

Considere el enorme cambio profético que tuvo lugar entre el primer y el Segundo libro de los Reyes. De manera similar, en la iglesia, el Señor promete primero darnos las arras de nuestra heredad (2 Corintios 1:22; 5:5; Efesios 1:13–14).

Luego después de cierto tiempo, Dios promete la plenitud de la heredad.

Si somos hijos legítimos de Dios que hemos recibido las arras y somos fieles con esto, vendrá el día cuando recibiremos la plenitud. Jesús dijo que los que son fieles en lo poco serán fieles en lo mucho, mientras los que son infieles en lo muy poco, lo poco que tienen les será quitado (Lucas 16:10; Mateo 25:29).

El último y verdadero profeta de 1 Reyes, Micaías (una forma más completa de Micah, que significa "el que es como el SEÑOR"), tuvo una tarea difícil. Él permaneció en medio de cientos de falsos profetas que le dijeron al rey Acab que podía ir y combatir con el enemigo y todo saldría bien. El verdadero profeta empezó a decir la misma cosa, pero entonces tenía que hablar la verdad. Dios había ordenado un espíritu de mentira para engañar a todos los profetas del rey Acab excepto uno.

Esto es muy similar a lo que ha sucedido aquí en Colombia y alrededor del mundo. Los profetas con un espíritu de mentira están sueltos en la iglesia, profetizando que las cosas irán bien para el hombre natural, profetizando que usted puede obtener las cosas de este mundo en una forma contraria a la manera de Dios, profetizando que los cristianos tibios, carnales y derrotados serán llevados en forma segura al cielo en un arrebatamiento secreto antes que la gran tribulación venga.

Los verdaderos profetas por el contrario, solo dicen lo que el Señor Jesús está diciendo. Jesús está diciendo que si lo seguimos a él debemos tomar nuestra cruz cada día y seguirle (Lucas 9:23). Jesús está diciendo que si estamos dispuestos a perder nuestra vida por él y por causa del evangelio lo hallaremos (Marcos 8:35).

Si sufrimos con él, entonces también reinaremos con él.

En el libro de 2 Reyes, el ministerio profético nunca tiene que dar un paso atrás o retirarse. Ellos nunca fracasan o son tomados prisioneros. Algunos reyes son buenos, algunos malos, otros son regulares; pero el ministerio profético no solo tiene las arras de la unción. Ellos tienen suficiente de la plenitud del Espíritu de Dios que nadie puede moverlos o prevalecer contra ellos.

Esto está empezando a suceder en este mismo momento hoy. Estamos cruzando la misma línea — una línea que distinguirá entre antes y después. Sigue habiendo toda clase de pueblo — buenos, malos y regulares. Algunos dominan a otros, pero los que verdaderamente representan al Señor son de otro calibre.

Eliseo es símbolo de este ministerio. Eliseo pidió por una doble medida del Espíritu o unción de Elías. La diferencia es muy notable. Eliseo nunca tuvo que correr y nunca hizo decisiones basadas en el temor del hombre.

Dios tendrá ahora un pueblo como Eliseo — escogido — que ha conocido la presencia de Dios y han salido para ministrar a los que están en oscuridad y tinieblas. Debemos también recordar que incluso con su unción ilimitada, Jesús, estaba aun dispuesto a poner su vida por nosotros según la petición de su Padre. Así es como él nos redimió. Se nos puede pedir poner nuestras vidas por nuestros hermanos o para alcanzar a nuestros enemigos, (Apocalipsis 11:7). Si esto sucediera, Dios es muy capaz de cuidar nuestra familia.

2 Reyes 4

> 1 Una mujer, de las mujeres de los hijos de los profetas, clamó a Eliseo, diciendo: Tu siervo mi marido ha muerto; y tú sabes que tu siervo era temeroso del SEÑOR; y ha venido el acreedor para tomarse dos hijos míos por siervos.
>
> 2 Y Eliseo le dijo: ¿Qué te haré yo? Declárame qué tienes en casa. Y ella dijo: Tu sierva ninguna cosa tiene en casa, sino una botija de aceite.

Esto obviamente puede ser interpretado en un nivel personal, pero en las Escrituras una mujer puede simbolizar un pueblo, una nación o la iglesia. La profecía bíblica siempre describe al pueblo de Dios como una mujer. Esta "mujer" tenía un esposo que era siervo de Dios, pero murió y dejó a su familia endeudada, y sus hijos estaban a punto de ser esclavizados. La única cosa que tenía era un frasco de aceite. Esto representa una unción limitada — una medida muy limitada de la gracia de Dios.

> 3 Y él dijo: Ve, y pide para ti vasos prestados de todos tus vecinos, vasos vacíos, no pocos.

¿Quiénes somos nosotros? Las Escrituras nos llama vasos.

El profeta le dijo a la viuda que buscara tantos recipientes vacíos como fuera posible. Los recipientes deben estar completamente vacíos porque lo que el Señor va a hacer no va a funcionar si estamos llenos de nosotros mismos.

> 4 Entra luego, y cierra la puerta tras ti y tras tus hijos; y echa en todos los vasos, y estando uno lleno, ponlo aparte.
>
> 5 Y se fue la mujer de él, y cerró la puerta tras sí y tras sus hijos; y ellos le traían los vasos, y ella echaba del aceite.
>
> 6 Y cuando los vasos fueron llenos, dijo a su hijo: Tráeme aún otro vaso. Y él dijo: No hay más vasos. Entonces cesó el aceite.

> [7] Vino ella luego, y lo contó al varón de Dios, el cual dijo: Ve, y vende este aceite, y paga a tus acreedores; y tú y tus hijos vivid de lo que quedare.

Esta es una unción diferente; esta es suficiente para llenar todos los vasos vacíos.

Dios derrama suficiente gracia para pagar cada deuda y suplir toda necesidad futura. Esto es lo que Dios hará ahora, pero hay condiciones; esta unción fluye silenciosamente detrás de puertas cerradas, dentro de vasos vacíos y limpios hasta que son llenos y todas las necesidades sean suplidas (Mateo 6:1–6).

Note la progresión de la doble medida del ministerio de Eliseo. Primero, él sanó la esterilidad y las aguas corruptas de Jericó. Luego, tuvo un ejército entero preparándose para recibir la bendición del Agua de la Palabra cavando zanjas en el desierto, y ellos se arrepintieron y reconocieron su desesperada necesidad mientras fueron por el camino de la salida de Edom (que significa hacedores o los que construyen sus propios reinos). El agua entonces se tornó roja (símbolo del vino de la vida de Cristo) y esto los llevó a una tremenda victoria sobre Moab (símbolo de los que son de su propio padre — los que no son hijos del verdadero Padre).

El aceite fluyó en la casa de una mujer viuda que vivía entre los hijos de los profetas, y esta unción llenó todas las vasijas vacías, liberó todo el hogar de la esclavitud y suplió la necesidad futura. Esta era la unción que pudrió el yugo (Isaías 10:27). El aceite y el vino son símbolos de la Fiesta de los Tabernáculos — la fiesta de la plenitud y la vida de la resurrección. Esta representa la transición hacia la edad del reino que tendrá lugar después de la primera resurrección. (Apocalipsis 20:4).

La Vida de Resurrección:

> [8] Y aconteció también que un día pasaba Eliseo por Sumen; y había una mujer principal, la cual le constriñó a que comiera del pan; y así cuando pasaba por allí, venía a su casa a comer del pan.
>
> [9] Y ella dijo a su marido: He aquí ahora, yo entiendo que este que siempre pasa por nuestra casa, es varón de Dios santo.

> 10 Yo te ruego que hagas una pequeña cámara de paredes, y pongamos en ella cama, mesa, silla, y candelero, para que cuando viniere a nuestra casa, se recoja en ella.

Dios ordenó que una mujer viuda pagana sustentara a Elías. Una mujer también sustentó a Eliseo, pero esta mujer era una Israelita bien relacionada que tenía esposo. Esta mujer era de Sunem, que significa "descansar o estar reposado". En el día moderno la compañía de Eliseo está sustentada por una "mujer" muy especial (que representa el pueblo limpio de Dios).

> 11 Y aconteció que un día él vino por allí, y se recogió en aquella cámara, y durmió en ella.
>
> 12 Entonces dijo a Giezi, su criado: llama a esta sunamita. Y cuando él la llamó, vino ella delante de él.
>
> 13 Y dijo él a Giezi Dile: He aquí tú has estado solícita por nosotros con todo este esmero; ¿qué quieres que haga por ti? ¿Has menester que hable por ti al rey, o al general del ejército? Y ella respondió: Yo habito en medio de mi pueblo.

Esta mujer, sin embargo, tenía una necesidad muy especial. Ella era estéril. Muchas de las personas especiales del pueblo de Dios hoy en día, son espiritualmente estériles y sienten esta misma necesidad de ser fructíferos.

> 14 Y él dijo: ¿Qué, pues, haremos por ella? Y Giezi respondió: He aquí ella no tiene hijo, y su marido es viejo.
>
> 15 Dijo entonces: Llámala. Y él la llamó, y ella se paró a la puerta.
>
> 16 Y él le dijo: Al tiempo señalado, según el tiempo de la vida, abrazarás un hijo. Y ella dijo: No, señor mío, varón de Dios, no hagas burla de tu sierva.
>
> 17 Mas la mujer concibió, y dio a luz un hijo al tiempo señalado que Eliseo le había dicho, según el tiempo de la vida.

Varios relatos bíblicos importantes involucran hombres de Dios nacidos de mujeres estériles. Este fue el caso de Samuel y Juan el Bautista.

> [18] Y cuando el niño fue grande, aconteció que un día salió a su padre, a los segadores.

Esto sucedió en la temporada de la cosecha. Hoy, nosotros también nos encontramos en la estación de la cosecha prometida del tiempo del fin.

> [19] Y dijo a su padre: ¡Mi cabeza, mi cabeza! Y él dijo a un criado: Llévalo a su madre.
>
> [20] Y habiéndole él tomado, y traído a su madre, estuvo sentado sobre sus rodillas hasta mediodía, y murió.

Este único niño es destinado para ser el heredero. Pero él no puede entrar en la herencia en su propia vida o bajo su propio gobierno. Algo en cada uno de nosotros debe morir si vamos a llegar a la madurez en Cristo. A la edad de doce años, bajo la ley, el niño es responsable pero no adulto.

> [21] Ella entonces subió, y lo puso sobre la cama del varón de Dios, y cerró la puerta sobre él, y salió.
>
> [22] Y llamando a su marido le dijo: Te ruego que envíes conmigo a alguno de los criados y una de las asnas, para que yo vaya corriendo al varón de Dios, y regrese enseguida.
>
> [23] Y él dijo: ¿Para qué haz de ir a él hoy? No es nueva luna, ni sábado. Y ella respondió: Paz.

Esta crisis era personal y ella no quería enojar a su esposo. Ella sabía en su corazón exactamente qué hacer, y no había tiempo que perder.

> [24] Después hizo enalbardar una asna, y dijo al criado: Guía y anda; y no me hagas detener para que suba, sino cuando yo te lo dijere.
>
> [25] Partió, pues, y vino al varón de Dios al monte del Carmelo. Y cuando el varón de Dios la vio de lejos, dijo a su criado Giezi: He aquí la sunamita.
>
> [26] Te ruego que vayas ahora corriendo a recibirla, y dile: ¿Tienes paz? ¿Y tu marido, y tu hijo? Y ella dijo: Paz.

Esta es la segunda vez que ella dice: "paz".

> 27 Y luego que llegó al varón de Dios en el monte, se asió de sus pies. Y se acercó Giezi para quitarla; mas el varón de Dios le dijo: Déjala, porque su alma está en amargura, y el SEÑOR me ha encubierto el motivo, y no me lo ha revelado.
>
> 28 Y ella dijo: ¿Pedí yo hijo a mi señor? ¿No dije yo, que no te burlaras?
>
> 29 Entonces dijo él a Giezi: Ciñe tus lomos y toma mi bordón en tu mano, y ve; y si alguno te encontrare, no lo saludes; y si alguno te saludare, no le respondas; y pondrás mi bordón sobre el rostro del niño.

El bordón de Eliseo es símbolo de la disciplina y la autoridad de Dios. El niño debe estar bajo la directa autoridad de Dios.

> 30 Entonces dijo la madre del niño: Vive el SEÑOR, y vive tu alma, que no te dejaré.
>
> 31 Él entonces se levantó y la siguió. Y Giezi había ido delante de ellos, y había puesto el bordón sobre el rostro del niño, mas ni tenía voz ni sentido; y así se había vuelto para encontrarlo; y se lo declaró, diciendo: El niño no despierta.

Giezi era un siervo muy dotado como muchos cristianos hoy. Giezi, sin embargo, recibía órdenes de Eliseo y no directamente de Dios. En algunas situaciones solamente una palabra directa del SEÑOR será suficiente. Solo una palabra directa del SEÑOR proveerá la gracia para que seamos victoriosos.

> 32 Y cuando llegó Eliseo a la casa, he aquí que el niño estaba tendido muerto sobre su cama.
>
> 33 Entrando él entonces, cerró la puerta sobre ambos, y oró al SEÑOR.

Oración, en el más alto sentido, es una comunicación de doble vía con el SEÑOR.

> 34 Después subió, y se tendió sobre el niño, poniendo su boca sobre la boca de él, y sus ojos sobre los ojos de él, y sus manos sobre las manos de él; así se midió sobre él, y la carne del niño se calentó.

> 35 Volviéndose luego, se paseó por la casa a una parte y a otra, y después subió, y volvió a medirse sobre él; y el niño estornudó siete veces, y abrió sus ojos.

En un caso similar, Elías se tendió sobre un niño muerto tres veces y el niño revivió. En estos dos casos, sin embargo, encontramos similitudes y diferencias. No es suficiente hacer exactamente lo que funcionó la última vez por alguien más. Debemos tener una palabra fresca de parte del SEÑOR para cada situación nueva.

> 36 Entonces llamó él a Giezi, y le dijo: Llama a esta sunamita. Y él la llamó. Y entrando ella, él le dijo: Toma tu hijo.
>
> 37 Y ella entró, y se echó a sus pies, y se inclinó a tierra; y tomó su hijo, y salió.

Es interesante notar que el apóstol Pablo tuvo una experiencia similar en el Nuevo Testamento. Un joven quedó adormecido en uno de los mensajes de Pablo, eso sucedió como hacia altas horas de la noche, y cayó de una ventana desde el tercer piso (Hechos 20:9, 10)

> 38 Y Eliseo se volvió a Gilgal. Había entonces grande hambre en la tierra. Y los hijos de los profetas estaban con él, por lo que dijo a su criado: Pon una grande olla, y haz potaje para los hijos de los profetas.
>
> 39 Y salió uno al campo a coger hierbas, y halló una parra montés, y cogió de ella una faldada de uvas silvestres; y volvió, y las cortó en la olla del potaje; porque no sabían lo que era.

Jesús dijo que él es la vid y nosotros las ramas; si permanecemos en él, daremos mucho fruto. Las uvas y el vino que vienen de su vid traen vida. Sin embargo, las uvas silvestres simbolizan la vida del hombre natural. Si nos alimentamos de nuestra propia vida o intentamos alimentar a otros con lo que viene de la vieja vida de Adán habrá muerte en la olla.

> 40 Y dio de comer a los varones; pero sucedió que comiendo ellos de aquel guisado, dieron voces, diciendo: ¡Varón de Dios, la muerte en la olla! Y no lo pudieron comer.

> [41] Él entonces dijo: Traed harina. Y la esparció en la olla, y dijo: Da de comer al pueblo. Y no hubo más mal en la olla.

La harina es el grano molido. La ofrenda de grano o presente representa la obra de nuestras manos. Esto es aceptable a Dios si estamos en un pacto de sangre con él. Eliseo estaba en un pacto correcto con Dios, y aquellos que comían eran todos hijos de los profetas; por tanto, la obra de sus manos era aceptable a Dios. Jesús dijo que si cualquiera de los que creen en él, bebieran cualquier cosa mortífera, no les hará daño (Marcos 16:18).

> [42] Vino entonces un hombre de Baal-salisa, el cual trajo al varón de Dios panes de primicias, veinte panes de cebada, y trigo nuevo en su espiga. Y él dijo: Da al pueblo para que coman.
>
> [43] Y respondió el que le servía: ¿Cómo he de poner esto delante de cien varones? Más él volvió a decir: Da al pueblo para que coman, porque así dijo el SEÑOR: Comerán y sobrará.
>
> [44] Entonces él lo puso delante de ellos; y comieron, y les sobró, conforme a la palabra del SEÑOR.

La cebada y los primeros frutos relacionan esto con Pentecostés, pero aquí menciona cien hombres (en vez de cincuenta durante los días de Elías). El número cien es símbolo del plan de Dios. Esta es una doble medida de Pentecostés, el cual provee suficiente para cada uno, hasta que quede algo de sobra. Esto fue lo que sucedió cuando Jesús alimentó a los cinco mil y a los cuatro mil.

Esto tuvo lugar entre los "hijos de los profetas" durante un tiempo de hambre. Sabemos que en nuestro tiempo la verdadera hambre es de naturaleza espiritual relacionada a oír la palabra del SEÑOR (Amós 8:11). Dios proveerá una provisión amplia a través de una compañía de Eliseo para cada uno entre los "hijos de los profetas" que están en un pacto correcto con Dios.

Poco después que Elías escapó de Jezabel a la montaña de Dios, él aprendió que la presencia de Dios no estaba en el viento, ni el terremoto, ni en el fuego. Estaba en la apacible y delicada voz (1 Reyes 19:11–12). Muchos piensan que, como no ven el viento, el terremoto o el fuego, no tienen el Espíritu Santo o el Espíritu de Dios no está presente.

Estábamos en una reunión con el Hermano George Warnock en Bogotá hace una década, y una mujer salió a la carrera. Exactamente antes que saliera por la puerta, ella exclamó a mi esposa que ella se sintió impulsada a salir porque no había unción en la reunión. Para mí, como intérprete, aunque el Hermano George estaba hablando en una voz suave, la presencia de Dios era tan poderosa que difícilmente yo podía hablar.

Oremos:

Padre Celestial, te pedimos claridad para discernir el tiempo en que estamos. Te pedimos valor para estar firmes en tu palabra en vez de la nuestra. Te pedimos que la fe, la esperanza y el amor reinen en nuestros corazones cuando el mundo alrededor nuestro sea sacudido y cuando aquellos que no están en un fundamento sólido empiecen a caer.

Que podamos administrar lo que tenemos de acuerdo a tus caminos, de modo que logremos estar entre aquellos que reclamarán la verdadera heredad. Amén.

Capítulo Once

Dios sana a Naamán, el general enemigo

2 Reyes 5

> [1] Naamán, general del ejército del rey de Siria, era gran varón delante de su señor, y en alta estima, porque el SEÑOR había dado salvación a Siria por él. Era este hombre valeroso de virtud, pero leproso.

El Señor puede extender la salvación a cualquiera en cualquier tiempo, y algunas veces usa personas para ejecutar su obra—personas que parecen altamente improbables para nosotros. En este pasaje, el SEÑOR usó a Naamán para salvar su nación, mientras su nación era hostil hacia Israel, el pueblo de Dios. Dios sabía mucho acerca de Naamán y lo llamó un *hombre valeroso de virtud.* De hecho, me pregunto si Naamán pudo haber sido el varón que, *disparando su arco en su perfección, hirió al rey de Israel por entre las junturas de la cota* (1 Reyes 22:34).

Naamán, sin embargo, parecía no saber casi nada acerca de Dios. En las Escrituras, la lepra es símbolo del pecado terminal. En el mundo antiguo, la lepra era incurable, así como el pecado antes de la venida de Jesucristo.

> [2] Y de Siria habían salido escuadrones, y habían llevado cautiva de la tierra de Israel una muchacha que servía a la mujer de Naamán.
>
> [3] Esta dijo a su señora: Si rogara mi señor al profeta que está en Samaria, él lo sanaría de su lepra.

La muchacha había sido capturada y esclavizada, pero su fe en Dios permanecía fuerte. Ella manifestó la misma actitud mostrada por Daniel y sus amigos cuando ellos establecieron una buena relación con el difícil rey Nabucodonosor. Ellos aceptaron su situación como la voluntad de Dios y exhibieron una buena actitud hacia sus captores. Esto preparó el escenario para que Dios trabajara en las vidas de sus enemigos. Esta muchacha tenía tan buen testimonio que Naamán, el general enemigo, le creyó a ella.

> 4 Y entrando Naamán a su señor, se lo declaró diciendo: Así y así ha dicho una muchacha que es de la tierra de Israel.
>
> 5 Y el rey de Siria le dijo: Anda, ve, y yo enviaré letras al rey de Israel. Partió, pues él, llevando consigo diez talentos de plata, y seis mil piezas de oro, y diez mudas de vestidos.

Esto era mucho dinero. Diez talentos de plata y diez mudas de ropa se refieren a lo que Naamán pensaba que legalmente se requería para ser cubierto y redimido. Seis mil piezas de oro demuestran que él pensaba que era perfecto en su justicia humana (pero esto es realmente auto-justicia).

Naamán estaba dispuesto a usar el protocolo correcto. Él obtuvo una carta de aprobación de su jefe, dirigida al rey que era su enemigo en Israel que resultó ser el hijo del rey Acab, al que Naamán había sido instrumento para matar y destruir.

> 6 Tomó también letras para el rey de Israel, que decían así: Luego llegando a ti estas letras, he aquí que he enviado a mi siervo Naamán a ti, para que lo sanes de su lepra.

En Israel consideraban a un leproso, prácticamente como un hombre muerto.

> 7 Y cuando el rey de Israel leyó las cartas, rasgó sus vestidos, y dijo: ¿Soy yo Dios, que mate y dé vida, para que este envíe por mí a que sane a un hombre de su lepra? Considerad ahora, y ved cómo busca ocasión contra mí.

¿El rey de Israel rasgó sus vestidos porque se percató que Naamán era el hombre que probablemente había disparado a su padre?

Para ayudarnos a entender la situación, piénselo de esta manera. Hoy, el rey de Israel puede representar al líder de una gran iglesia o de una gran nación que está en problemas porque sus enemigos en el mundo parecen tener el sartén por el mango (hoy el pueblo de Dios tiene serios enemigos que una vez más están amenazando la civilización Cristiana Occidental).

Entonces, ¿qué pasa si un máximo líder enemigo responsable por una gran cantidad de descalabro viene para ser sanado de su enfermedad y pecado? El rey de Israel no consideró ni aun remotamente la posibilidad de tal victoria. Él pensó que esta era otra táctica enemiga. Él falló completamente para ver la maravillosa oportunidad que Dios puso delante de él, porque le faltó fe y visión espiritual.

> 8 Y cuando Eliseo, varón de Dios oyó que el rey de Israel había rasgado sus vestidos envió a decir al rey: ¿Por qué has rasgado tus vestidos? Venga ahora a mí, y sabrá que hay profeta en Israel.

Si bien el corrupto rey de Israel estaba lleno de falta de perdón y tenía deseos de venganza, aun cuando representó mal a Dios y había mezclado paganismo con las cosas de Dios. La actitud de Eliseo demostró la verdadera naturaleza de Dios. Eliseo no estaba amargado contra el rey de Israel, y no estaba amargado hacia el general de Siria. Él permaneció separado del conflicto y solamente deseaba demostrar que el verdadero ministerio profético estaba vivo en Israel.

¿Quién es un verdadero profeta? Uno que habla de parte de Dios y dice lo que Dios quiere decir a pesar de las circunstancias.

> 9 Y vino Naamán con su caballería y con su carro, y se paró a las puertas de la casa de Eliseo.
>
> 10 Entonces Eliseo le envió un mensajero, diciendo: Ve, y lávate siete veces en el Jordán, y tu carne se te restaurará, y serás limpio.

Eliseo sabía mucho del Jordán (símbolo de la muerte), Dios tenía un plan, y en ese plan, él usó a Eliseo para atacar el orgullo y la arrogante soberbia de Naamán.

> 11 Y Naamán se fue enojado, diciendo: He aquí yo decía para mí: Saldrá él luego, y estando en pie invocará el nombre del SEÑOR su Dios, y alzará su mano, y tocará el lugar, y sanará la lepra.

> 12 Abana y Farfar, los ríos de Damasco, ¿no son mejores que todas las aguas de Israel? Si me lavare en ellos, ¿no seré también limpio? Y se volvió y se fue enojado.
>
> 13 Entonces sus criados se acercaron a él, y le hablaron, diciendo: Padre mío, si el profeta te mandara alguna gran cosa, ¿no la harías? ¿Cuánto más, diciéndote: ¿Lávate y serás limpio?
>
> 14 Él entonces descendió, y se lavó siete veces en el Jordán, conforme a la palabra del varón de Dios; y su carne se volvió como la carne de un niño, y fue limpio.

En una manera típica de Eliseo, él no fue, pero envió un mensajero. Él enfocó todo en el SEÑOR y en la Palabra del SEÑOR. Él no compitió en ningún nivel por la gloria de Dios — una característica significativa del ministerio de Eliseo.

> 15 Y volvió al varón de Dios, él y toda su compañía, y se puso delante de él, y dijo: He aquí ahora conozco que no hay Dios en toda la tierra, sino en Israel. Te ruego que recibas alguna bendición de tu siervo.
>
> 16 Más él dijo: Vive el SEÑOR, delante del cual estoy, que no lo tomaré. E importunándole a que tomara, él nunca quiso.

Aquí vemos una segunda característica vital del ministerio de Eliseo. Él no buscaba dinero o cualquier otra forma de ganancia terrenal. Los hijos de los profetas tenían necesidades, pero Dios suplía todo, incluso su alimento, día por día. El propósito de Eliseo era demostrar claramente a Naamán que la gracia de Dios, sanidad y salvación eran libres.

En los medios religiosos hoy, ¿qué sucedería si un extranjero poderoso está agradecido por ser sanado por el SEÑOR parado en la puerta con diez talentos de plata, diez mudas de ropa, y seis mil piezas de oro?

> 17 Entonces Naamán dijo: Te ruego, pues, ¿no se dará a tu siervo la carga de un par de mulas de esta tierra? Porque de aquí en adelante tu siervo no sacrificará holocausto ni sacrificio a otros dioses, sino al SEÑOR.

> [18] En esto perdone el SEÑOR a tu siervo: que cuando mi señor entrare en el templo de Rimón, y para adorar en él se apoyare sobre mi mano, si yo también me inclinare en el templo de Rimón, que el SEÑOR perdone en esto a tu siervo, si en el templo de Rimón me inclino.
>
> [19] Y él le dijo: Vete en paz. Y cuando se apartó de él una milla de tierra,

Una tercera característica tremendamente importante del ministerio de Eliseo es que él no es religioso. Eliseo discernió que el corazón de Naamán era recto y lo envió en paz sin tratar de forzarlo a través de un montón de formas religiosas. La enseñanza de Jesús no se centra en prácticas religiosas o rituales, sino más bien en el corazón.

Eliseo no amenazó a Naamán por decir que sería el fin del mundo (o de su sanidad) si él fuera a entrar en la casa de Rimón con su maestro. Dios le reveló a Eliseo que Naamán no tenía más un corazón para adorar a Rimón. Su posición requería que él debía ir allí por el debido respeto para su amo, pero su corazón no estaba más en eso. Esto es lo más importante para Dios. De manera que Eliseo le dijo que fuera en paz.

> [20] Giezi, el criado de Eliseo varón de Dios, dijo entre sí: He aquí mi señor estorbó a este sirio, Naamán, no tomando de su mano las cosas que había traído. Vive el SEÑOR, que correré yo tras él, y tomaré de él alguna cosa.

En varios versículos anteriores, Giezi reveló señales que no tenía el mismo corazón para Dios como Eliseo. Aunque Giezi era muy dotado, no tenía la capacidad de oír directamente del SEÑOR o ver en el ámbito espiritual. Giezi quiere decir "orgullo contemplado".

Como muchos hoy, Giezi pensó que Eliseo había impedido que Naamán recibiera una bendición mayor de parte de Dios por no tomar el dinero que Naamán le ofreció. Giezi no pudo soportar ver que Naamán se fuera con el dinero. Él incluso profirió juramento por el SEÑOR que tomaría alguna cosa de él. Mucho de esto pasa en casi todas partes hoy. Tarde o temprano todo el mundo será puesto a prueba y probado.

He visto y conocido de casos cuando alguien importante y pagano fue traído al arrepentimiento por el poder de Dios. Luego el pastor o evangelista lo carga con culpa y toma su reloj de oro o anillo de oro o algunas otras cosas que él tiene. Algunos hasta toman las costosas pinturas de la pared y el TV diciendo que estas cosas han estado comprometidas con el diablo y deben rendirse al pastor con el fin de que la persona salga de debajo de la maldición y sea bendecida.

Cuando alguien es tomado por el poder de Dios, ellos son vulnerables, y debemos ser cuidadosos de solamente hacer y decir lo que Dios decreta. Jesús dijo al joven rico gobernante que fuera y vendiera todas sus riquezas (posiblemente mal habidas) y diera todo el dinero a los pobres — luego viniera y lo siguiera. Jesús dejó claro que este era un joven que era valioso para él. Las Escrituras declaran que Jesús lo amó, y es claro que él no estaba interesado en obtener ninguna de sus posesiones terrenales (Mateo 19:16).

> 21 Y siguió Giezi a Naamán; y cuando Naamán le vio que venía corriendo tras él, descendió del carro para recibirle, y dijo: ¿No hay paz?
>
> 22 Y él dijo: Paz. Mi señor me envía a decir: He aquí vinieron a mí en esta hora del monte de Efraín dos jóvenes de los hijos de los profetas; te ruego que le des un talento de plata, y sendas mudas de vestidos.
>
> 23 Y Naamán dijo: Si quiere toma dos talentos. Y él le constriñó y ató dos talentos de plata en dos sacos, y dos mudas de vestidos, y lo puso a cuestas a dos de sus criados, que lo llevaran delante de él.
>
> 24 Y cuando llegó a un lugar secreto, él lo tomó de mano de ellos, y lo guardó en casa; luego mandó a los hombres que se fueran.

En el Lugar Santo del templo, un velo protegía a los sacerdotes de la directa presencia de Dios. Esto está siendo acabado.

Los cambios radicales están actualmente en camino. En el tiempo pasado los siervos de Dios podían estar involucrados en serios engaños, y esto podría requerir un buen tiempo para exponer que lo que ellos están haciendo no es agradable a Dios. Ya no más. En el día del SEÑOR que está amaneciendo, los verdaderos ministros del SEÑOR permanecerán en el Lugar Santísimo en la Presencia de Dios. Esto es simbólicamente donde Elías y Eliseo permanecieron de pie y donde nosotros permaneceremos, si ministramos al SEÑOR en el día nuevo.

> 25 Y él entró, y se puso delante de su señor. Y Eliseo le dijo: ¿De dónde vienes, Giezi? Y él dijo: Tu siervo no ha ido a ninguna parte.
>
> 26 Él entonces le dijo: ¿No fue también mi corazón, cuando el hombre volvió de su carro a recibirte? ¿Es tiempo de tomar plata, y de tomar vestidos, olivares, viñas, ovejas y bueyes, siervos y siervas?
>
> 27 La lepra de Naamán se te pegará a ti, y a tu simiente para siempre. Y salió delante de él leproso, blanco como la nieve.

Hoy en día, también hay ministros como Giezi quienes aman las cosas de este mundo más de lo que ellos aman a Dios. La vida de Adán, la vida de la carne, no ha sido circuncidada de sus corazones, aunque ellos pueden operar en dones y ministerios de Dios. El corazón de Eliseo se fue con Giezi, y él estaba consternado. Aquellos que alimentan y nutren la vida de Adán nunca serán libres del pecado. La lepra de Naamán afectará su simiente para siempre. Somos dirigidos hacia un tiempo especial en Dios, donde el Señor bendecirá a su pueblo como nunca antes. Incontables cristianos enseñan y han sido enseñados que el milenio es un tiempo cuando viviremos como reyes, y haciendo lo que nos agrade.

De acuerdo a Eliseo, este no es el caso; aun en el tiempo de la victoria en el Señor, no vamos a torcer brazos o buscar tomar dinero, cosas o incluso personas para nosotros mismos.

Debemos permanecer contentos con lo que Dios nos da. ¿Por qué mencionaría tales cosas como olivares, viñas, ovejas y bueyes, y esclavos hombres y mujeres en añadidura al dinero y vestidos, si este no fuera un mensaje para nosotros?

El tiempo especial que está a la mano es un tiempo cuando el temor del Señor será restaurado. La palabra de Dios también será restaurada sobre la tierra, y quedará claro cuáles son los verdaderos representantes del Señor.

Hasta este punto, Giezi pudo servir y ministrar bajo el profeta Eliseo. Sin embargo, con lepra, él tuvo que vivir aparte. Si él caminaba por las calles de cualquier ciudad o pueblo, era necesario que él gritara, "inmundo, inmundo" con el fin de advertir a las personas de manera que ellos no fueran contagiados de su enfermedad incurable.

Giezi había servido a Eliseo por largo tiempo, él había sido testigo de la resurrección del hijo de la familia que había ayudado a Eliseo. Después de ver numerosos milagros de Dios, cuando Giezi finalmente mostró lo que estaba en su corazón, Eliseo no dijo, "Mire, Giezi, arrepiéntete, te daré la última oportunidad. Ve y devuelve el dinero y los vestidos que recibiste de Naamán".

¡No! Cuando Giezi hizo lo que hizo, Eliseo no le quitó las cosas. A Giezi le fue permitido guardarlas, pero también guardó la lepra de Naamán sobre él y sobre su simiente para siempre. A Giezi no le fue dada una segunda oportunidad. Él fue descalificado inmediatamente del ámbito del Lugar Santísimo, del ámbito del ministerio al SEÑOR.

El profeta Ezequiel profetizó este mismo tipo de cosa. El sacerdocio (ahora el sacerdocio de todos los creyentes) será dividido. A los sacerdotes que enseñaron a Israel a pecar se les negará el acceso a la presencia de Dios. A ellos se les permitirá ministrar afuera — preparando la "carne" de los "sacrificios" y haciendo tareas serviles. Solo los sacerdotes de la línea de Sadoc, que quiere decir "rectitud y justicia", les será permitido ministrar en la presencia de Dios e ir de acá para allá entre Dios y el pueblo como Eliseo, (Ezequiel 44:10–16).

La lepra es un símbolo de pecado serio que debe ser puesto en cuarentena. Bajo condiciones normales, esta no puede ser quitada, pero Dios puede sanar y perdonar. En el caso de Naamán, el Señor lo sanó. En el caso de Giezi, nada más se pudo hacer. En la misma cara del victorioso ministerio de Eliseo, Giezi no creyó en la victoria y obviamente no vivió en victoria. En vista de esto, ¿cómo podía él conducir a otros a la victoria?

Aquellos que viven vidas derrotadas tienden a pensar o a convencerse que todos los demás son como ellos y están listos para que la persona sea consciente de su pecado y culpa. En vez de señalarles la victoria en Cristo, ofrecen absolverlos con rituales religiosos y terapia. En otras palabras, ellos usan la derrota para fortalecer sus propios reinos, porque bajo este tipo de ministerio, la gente continúa pecando, y los ministros continúan infundiendo culpa y enseñando que no hay victoria duradera.

La victoria no está en nosotros; está en el Señor Jesucristo, y él no está buscando llegar a ser victorioso. Él ya es victorioso. En la misma forma, él no está buscando limpieza. Él ya es limpio y victorioso, y él desea venir y reinar desde nuestros corazones.

Su deseo es transformar todo nuestro ser. Cuando esto tiene lugar, no es necesario hacer prosélitos y reclutar nuevos adeptos en el sistema religioso de los hombres. Aquí es donde el conflicto se presenta.

¿Por qué el rey de Israel rasgó sus vestidos? ¿Por qué estaba enojado por la petición de Naamán por sanidad y victoria? Es porque el rey sabía que el profeta Eliseo existía. Él había visto y oído de las poderosas obras de Dios. Aun así, no se le ocurrió al rey enviar a Naamán para ver a Eliseo. En vez de eso el Espíritu de Dios le reveló la situación a Eliseo quien entonces envió la palabra a Naamán. Fue Dios quien finalmente pudo tratar con Naamán. El Señor no está tratando de salvar al hombre viejo. Él busca la muerte del hombre viejo, de manera que podamos emerger en el hombre nuevo en Cristo. Con el propósito que esto suceda, cada persona debe recibir revelación de Dios. La participación en rituales religiosos no es suficiente. Por eso es que Eliseo envió a Naamán al Jordán.

Cuando Naamán le dijo a Eliseo, *de aquí en adelante tu siervo no ofrecerá ni ofrenda quemada ni sacrificio a otros dioses, sino al SEÑOR*. Esto fue todo lo necesario. Su respuesta satisfizo a Dios, y Eliseo le dijo que fuera en paz, aunque en alguna ocasión tendría que acompañar a su maestro a la casa de Rimón.

En el día del juicio, será fascinante ver lo que Dios hace con cada individuo. Estoy seguro que Naamán, el general sirio, entrará en la vida, mientras temo que este puede no ser el caso para muchos reyes de “Israel” e incluso reyes de “Judá”.

Se está aproximando un momento en la historia cuando los que demuestran la actitud de Giezi pueden encontrar que han ido más allá de un punto de no retorno y no tendrán más la posibilidad de rectificar la condición de sus corazones.

Giezi no es el único ejemplo en las Escrituras. Judas pudo haber llegado al arrepentimiento, excepto que apareció en la Última Cena con treinta monedas de plata en su bolsillo pagada a él para traicionar al Señor. Aun después, cuando intentó arrepentirse, era demasiado tarde, y como resultado él se suicidó y nunca estuvo para la resurrección.

¿Recuerda la historia de Ananías y Safira? En medio de los hechos milagrosos realizados por Dios al comienzo del libro de los Hechos, Pedro no los confrontó para darles la oportunidad de rectificarsen. ¡No! Ellos mintieron al Espíritu Santo y cayeron muertos.

La lepra conduce a la muerte, exactamente como avanza el pecado que conduce a la muerte espiritual. Esto es lo que sucedió en la vida de Giezi. Las fallas en su carácter y corazón no fueron rectificadas en el tiempo apropiado y llegaron a ser irreversibles. Finalmente, Dios pronunció sentencia a través de Eliseo.

¿Qué sucederá a los que en el ministerio han demostrado claramente un deseo por las cosas de este mundo por encima y más allá de la voluntad y la Palabra de Dios? ¿Qué sucederá con aquellos que usan los dones y ministerios dados por Dios para ganancia y beneficio personal?

Dios concede oportunidades, muchas oportunidades, por un tiempo en el cual el arrepentimiento está fácilmente disponible. Sin embargo, hay un tiempo cuando Dios también cierra la puerta para el arrepentimiento. Esto fue lo que sucedió al diablo y sus ángeles. Las Escrituras manifiestan que el arrepentimiento no les fue concedido a ellos.

¿Por qué? Porque ellos se rebelaron contra Dios con los ojos bien abiertos. Ellos conocieron y experimentaron la gloria de Dios. Por tanto, no era posible llevarlos al arrepentimiento demostrando la gracia y la gloria de Dios para ellos. No había nada más que se les pudiera revelar acerca de Dios que causara que ellos cambiaran su mente.

Esto difiere del caso de Naamán quien fue completamente alcanzado por el amor, la misericordia y la gracia de Dios, cuando fue sanado de su enfermedad incurable. Estoy seguro que él permaneció agradecido y con gratitud por el resto de su vida. Jesús incluso mencionó a Naamán como un ejemplo (Lucas 4:27).

En numerosos lugares, la iglesia no muestra suficiente temor de Dios. Innumerables personas sin número piensan que el Señor persistirá en darles oportunidad tras oportunidad. Y es verdad que el Señor da una gran cantidad de oportunidades de arrepentimiento y para acercarse a él. Sin embargo, no es verdad que la oportunidad es sin límite. Piense cómo Dios trató con el Faraón. Tarde o temprano, se alcanzará un punto de corte.

Este punto de corte ocurrirá cuando el Señor decida poner ciertas cosas en su lugar apropiado. Una de estas cosas es su deseo de tener un pueblo dispuesto a representarlo como él realmente es. Como en el día de Eliseo, los gobiernos corruptos podrán continuar por un tiempo, pero Dios desea un ministerio limpio, y él pronto separará a los que ministran con corazones limpios como Eliseo, de los que tienen un corazón corrupto como Giezi.

Muchos no entienden el libro de 2 Reyes. Los reyes llegan a un final. Las diez tribus de Israel llegan a un final. Judá es llevada en cautividad. El mundo como lo conocemos llegará a un final, pero el ministerio de Dios no terminará.

El verdadero ministerio es puesto por Dios. Y la Palabra limpia de Dios que fluye a través de los que Dios escoge no llegará a un final. Dios no hace acepción de personas. La muchacha esclava aparentemente insignificante fue usada grandemente por Dios.

¿Por qué Naamán creyó su palabra? Su vida era un ejemplo de inspiración. El general comandante del ejército sirio creyó en su palabra al punto de que estuvo dispuesto a ir en un largo viaje a Israel para buscar sanidad y salvación.

El único requisito necesario para ser usado efectivamente por Dios es tener un corazón limpio. Una persona con un corazón limpio no puede estar escondida. Ellos serán notados.

Estamos entrando en un tiempo de cambios numerosos. El pueblo de Dios conocerá la victoria, pero la victoria a los ojos de Dios no necesariamente equivale a tomarse la Casa Blanca, el Palacio Presidencial, o incluso el Vaticano. No tiene nada que ver con tomarse las riendas de los gobiernos de este mundo. Todos los reinos de este mundo serán derribados, y el reino de Dios se levantará visiblemente cuando suene la séptima trompeta (Apocalipsis 11:15).

Aun cuando los hijos de Israel entraron en la Tierra Prometida, ellos realmente no tomaron nada por su propia fuerza. El Señor les dio casas que no construyeron, pozos que no cavaron, viñas y olivares que no plantaron. Dios desplazó los corruptos propietarios anteriores y dio a su pueblo su heredad.

El problema con Giezi fue que él decidió tomar las cosas por sus propias manos. Cuando Dios no está dándonos algo, es terrible tomarlo por nosotros mismos, incluso de nuestro enemigo.

Las Escrituras manifiestan que cuando caminamos en victoria con el Señor, la bendición vendrá de atrás y nos alcanzará (Deuteronomio 28:2).

Oremos:

Padre Celestial, que podamos aprender esta importante lección antes que sea demasiado tarde. Que podamos entender el problema de Giezi y sus tratos con Naamán y con el rey de Israel. Te pedimos Señor, que podamos estar contentos con lo que sea que tú escojas darnos y cualquier lugar y situación donde tú nos has colocado.

Te lo pedimos esto en el nombre del Señor Jesucristo. Amén.

Capítulo Doce

Viendo desde la perspectiva de Dios

2 Reyes 6

[1] Los hijos de los profetas dijeron a Eliseo: He aquí, el lugar en que moramos contigo nos es estrecho.

En el tiempo del profeta Elías, él fue el único verdadero profeta entre cientos de falsos profetas. Hemos atravesado a un tiempo como este, en el cual el único verdadero profeta es nuestro Señor Jesucristo, quien obra a través de los que son limpios, mientras incontables falsos profetas están mezclados entre el pueblo de Dios.

Como se describe aquí en 2 Reyes, un cambio en el ministerio profético tiene lugar incluso antes de que Eliseo entrara en la doble medida. Una gran compañía de "hijos de los profetas" vivían en comunidad en una relación cercana el uno con el otro. Esto presagió lo que tuvo lugar en la iglesia primitiva después del día de Pentecostés, y creo que esta práctica revivirá bajo la doble medida en un futuro muy cercano. El plan de Dios es tener un cuerpo de Cristo formado de muchos miembros. Cada miembro debe tener una conexión directa a la cabeza del cuerpo y debe ser nutrido y vinculado con los otros miembros del cuerpo (Efesios 4:15–16).

Por tanto, si estamos en una relación correcta con Jesús, la cabeza, él automáticamente nos llevará en una relación con cada uno que sea recto con él. Así es como el verdadero templo de Dios (hecho de piedras vivas) vendrá a unirse sin el sonido del martillo o herramienta de hierro (1 Reyes 6:7).

Nos dirigimos a este cambio en la historia de la iglesia porque el Señor Jesús es el ejemplo para todos nosotros; este es su deseo que seamos como él y todos juntos alcancemos cosas mayores (Juan

14:12). ¿Cosas mayores? ¿Por qué? ¿Cómo? Más personas serán limpias y, como resultado, Dios podrá obrar a través del cuerpo de Cristo sin limitación.

> Los hijos de los profetas dijeron a Eliseo: He aquí, el lugar en que moramos contigo nos es estrecho. (v. 1)

Esto no es como cuando tenían una "escuela" aparte de profetas. En este punto ya todos vivían con Eliseo que significa "Dios de (el) que viene".

> 2 Vamos ahora al Jordán, y tomemos de allí cada uno una viga, y hagámonos allí lugar en que habitemos. Y él dijo: Andad.
>
> 3 Y dijo uno: Te rogamos que quieras venir con tus siervos. Y él respondió: Yo iré.
>
> 4 Se fue, pues, con ellos; y cuando llegaron al Jordán, cortaron la madera.
>
> 5 Y aconteció que derribando uno un árbol, se le cayó el hacha en el agua; y dio voces, diciendo: ¡Ay, señor mío, que era prestada!
>
> 6 Y el varón de Dios dijo: ¿Dónde cayó? Y él le mostró el lugar. Entonces cortó él un palo, y lo echo allí; e hizo nadar el hierro.
>
> 7 Y él le dijo: Tómalo. Y él tendió la mano, y lo tomó.

El hierro es símbolo de la ley. El hacha era prestada. Cuando el templo de Salomón estuvo montado, no se utilizaron herramientas de hierro. Este inmenso edificio fue construido sin el sonido del martillo en el sitio de construcción.

Aquellos que buscan "pedir prestada" la ley del pasado no son conscientes de que está destinada a hundirse.

Esto incluye a los que desean volver a poner a los cristianos bajo la ley (o bajo su propia versión de la ley). Todo esto se hundirá. Es pedir prestado del pasado.

El palo que Eliseo echó dentro del río para hacer que el hierro flotara a la superficie representa el camino de la cruz. El camino de la cruz es el camino de la muerte a nuestra propia vida, de manera que la vida de Jesús pueda brillar a través de nosotros. Este es el camino de la misericordia y la gracia que reversa los efectos de la ley. La ley del pecado y de la muerte fue incapaz de sujetar al Señor Jesucristo. Él se levantó de entre los muertos y con su liberación de la muerte vino una nueva ley del Espíritu de vida (Romanos 8:2). Este es el camino que debemos seguir. Esto es lo que hace que el hacha prestada de hierro flote.

Incontables grupos cristianos, organizaciones y denominaciones todavía se aferran a una larga lista de leyes externas que los gobiernan. Algunas de ellas requieren a sus miembros que firmen estatutos diciendo que no fumarán, beberán, bailarán, y hacer esto o no hacer aquello. Algunos requieren ciertas ordenanzas de vestimenta o conducta.

No importa en lo que insistan, si es posible, exigen que sus mujeres se cubran desde su cabeza hasta los tobillos, esto no asegurará la santidad. De hecho, esto no garantizará nada, porque este tipo de gobierno externo no arreglará un corazón corrupto.

Al contrario, los gobernados por el Espíritu Santo tienen corazones limpios y puros por la misma naturaleza de la vida de Dios dentro de ellos, y tendrán una conducta, casta, moderada y limpia.

Esclavos del pecado contra libres en Cristo

> 8 *Tenía el rey de Siria guerra contra Israel, y consultando con sus siervos, dijo: En tal y tal lugar estará mi campamento.*
>
> 9 *Y el varón de Dios envió a decir al rey de Israel: Mira que no pases por tal lugar, porque los sirios van allí.*
>
> 10 *Entonces el rey de Israel envió a aquel lugar que el varón de Dios había dicho: de la cual le había amonestado; y se guardó de allí, no una vez ni dos.*

Para resumir esto. Israel estaba en guerra con Siria, y el rey de Siria seguía intentando emboscar a Israel. Cada vez que esto sucedía, Eliseo advertía al rey de Israel de la ubicación de la emboscada para que ellos no pasaran por ese camino.

Recuerde que el rey de Israel (el rey del pueblo de Dios) no era realmente un buen rey. Él controlaba al pueblo de Dios de acuerdo a la manera de los hombres. El padre de este rey se casó con Jezabel quien había mezclado las cosas de Dios con la adoración de Baal (el dios del control y la prosperidad). Baal significa "esposo o maestro o controlador".

Este rey era como muchos pastores, sacerdotes y líderes religiosos, que han mezclado la adoración de Dios con el mundano camino religioso de hacer las cosas. Por tanto, ellos están casados con el sistema equivocado. El rey pensaba que él era el controlador de todo el mundo. Aun así, Eliseo ayudó al pueblo de Dios para que vieran el verdadero plan de Dios, de manera que ellos podrían entender y arrepentirse.

> 11 Y el corazón del rey de Siria fue turbado de esto; y llamando a sus siervos, les dijo: ¿No me declararéis vosotros quién de los nuestros es del rey de Israel?

Él pensaba que tenía un espía en medio de ellos.

> 12 Entonces uno de los siervos dijo: No, rey, señor mío; sino que el profeta Eliseo está en Israel, el cual declara al rey de Israel las palabras que tú hablas en tu más secreta cámara.

¿Por qué estaba sucediendo esto? Dios estaba preparando el escenario para el tiempo del fin. Él derramaba misericordia y gracia sobre su pueblo con la esperanza que ellos se volvieran a él de todo su corazón. Él le dio al impío rey de Israel, a los de la casa de Acab y a los adoradores de Baal, sus últimas oportunidades para presenciar el carácter de Dios. En vez de tener una multitud mezclada con trigo y cizaña creciendo juntas en el mismo campo, la cizaña sería quitada de entre el trigo. Los malos serían quitados de entre los justos. Las cosas no continuarían como siempre habían estado.

> 13 Y él dijo: Id, y mirad dónde está, para que yo envíe a tomarlo. Y le fue dicho: He aquí él está en Dotán.

Dotán quiere decir "dos pozos".

> 14 Entonces envió el rey allá gente de a caballo, y carros, y un gran ejército, los cuales vinieron de noche, y cercaron la ciudad.
>
> 15 Y levantándose de mañana el que servía al varón de Dios, para salir, he aquí el ejército que tenía cercada la ciudad, con

gente de a caballo y carros. Entonces su criado le dijo: ¡Ay, señor mío! ¿qué haremos?

El siervo del varón de Dios no era más Giezi, porque él estaba afligido por la lepra por el resto de su vida.

Un nuevo siervo entró en escena, y Dios estaba por revelar algo a este siervo — algo que no pudo revelarse a Giezi.

Que el SEÑOR abra nuestros ojos para ver lo que realmente está pasando en el ámbito espiritual — que viéramos por el Espíritu y lleguemos a estar conscientes de los carros de fuego y hombres a caballo de las huestes celestiales acampando alrededor nuestro, sobrepasando en número a nuestros enemigos y listos para entrar en acción.

16 Y él le dijo: No tengas miedo; porque más son los que están con nosotros que los que están con ellos.

17 Y oró Eliseo, y dijo: Te ruego, oh SEÑOR, que abras sus ojos para que vea. Entonces el SEÑOR abrió los ojos del joven, y miró; y he aquí que el monte estaba lleno de gente de a caballo, y de carros de fuego alrededor de Eliseo.

Un carro de fuego con caballos de fuego había separado a Elías de Eliseo. Entonces los hombres de a caballo y los carros de fuego rodearon a Eliseo, de modo que el enemigo no podía tocarlo. Esta es la segunda vez que Eliseo había entrado en contacto muy cercano con el fuego de Dios. Su anterior siervo, había llegado a estar leproso de por vida, algo que afectaría a todos los descendientes de Giezi para siempre. En el nuevo día, Dios separó la cizaña de entre el trigo. El nuevo joven siervo de Eliseo tenía un corazón puro y Jesús dijo: *Bienaventurados los de limpio corazón; porque ellos verán a Dios* (Mateo 5:8).

Dios abre los ojos de aquellos con un corazón puro. El joven pudo percibir la situación desde el punto de vista de Dios. Si mantenemos nuestros ojos en el mundo (aún en el mundo religioso) y en los que desean herirnos, no veremos lo que Dios está haciendo o lo que él desea hacer.

18 Y cuando los sirios descendieron a él, Eliseo oró al SEÑOR, y dijo: Te ruego que hieras a esta gente con

ceguedad. Y los hirió con ceguedad, conforme al dicho de Eliseo.

Eliseo no intentó dar órdenes a la gente de a caballo y los carros de fuego. No debemos dar órdenes a los ángeles de Dios. No debemos orar a los santos que se han ido antes de nosotros. Nuestra comunión es directamente con el Señor, y él es el único que maneja sus huestes celestiales.

El SEÑOR golpeó duramente al enemigo con ceguera de acuerdo a la palabra de Eliseo.

> 19 *Y Eliseo les dijo: No es este el camino, ni esta la ciudad; seguidme, que yo os guiaré al hombre que buscáis. Y los guió a Samaria.*
>
> 20 *Y cuando llegaron a Samaria, dijo Eliseo: SEÑOR, abre los ojos de estos, para que vean. Y el SEÑOR abrió sus ojos, y miraron, y he aquí se hallaron en medio de Samaria.*

Samaria no estaba haciendo todas las cosas bien con el Señor. Ellos se habían inventado su propia fiesta en vez de guardar la Fiesta de los Tabernáculos. Ellos todavía adoraban becerros de oro y tenían sacerdotes de la gente común que no eran de la línea de Aarón. Aun con todo esto que estaba pasando, sin embargo, un remanente fiel todavía existía. Por tanto, Dios todavía ofrecía ayuda y salvación a su remanente fiel y esperaba ver si los demás regresarían a él de todo corazón.

> 21 *Y cuando los vio, el rey de Israel dijo a Eliseo: ¿Los heriré? ¿Los heriré, padre mío?*

¡En este momento el rey de Israel estaba listo para recibir órdenes de Eliseo!

> 22 *Y él le respondió: No los hieras; ¿herirías tú a los que tomaste cautivos con tu espada y con tu arco? Pon delante de ellos pan y agua, para que coman y beban, y se vuelvan a su señor.*

Jesús dijo que debemos dar de comer a nuestros enemigos si están hambrientos, vamos a darles de beber si están sedientos. Vamos a vencer con el bien el mal.

> 23 Entonces les fue aparejada grande comida; y cuando habían comido y bebido, los envió, y ellos se volvieron a su señor. Y nunca más vinieron escuadrones de Siria a la tierra de Israel.

Parecía como que todo estaba dado para conclusiones felices, pero tristemente este no fue el caso. Los reyes no habían aprendido la lección. Las bandas de Siria no regresaron, ni saquearon a Israel, pero el rey de Israel y el rey de Siria no aprendieron la lección que Dios deseaba enseñarles, aunque estoy seguro que a ambos lados, muchos percibieron lo que Dios estaba haciendo. Aquellos con corazón puro como el nuevo siervo de Eliseo y tal vez los que en ambos ejércitos tenían o deseaban tener un corazón puro, estaban indudablemente sorprendidos por los acontecimientos sobresalientes y sin precedentes que tuvieron lugar. Muchos hoy son como aquellos reyes antiguos.

Todos tenemos la habilidad dada por Dios para hacer elecciones y tomar decisiones que tienen la posibilidad de afectar nuestras propias vidas, así como hacer impacto sobre las vidas de otros.

Todavía muchos, aun después de experimentar repetidamente la gracia, la bondad y los milagros de Dios, realmente no aprenden la lección.

La obstinación del rey prevalece

> 24 Después de esto aconteció, que Ben-adad rey de Siria juntó todo su ejército, y subió, y puso cerco a Samaria.

Recuerde que el rey Acab tuvo la oportunidad de acabar con Ben-adad de una vez por todas, pero él perdió el derecho a esa excelente oportunidad para hacerlo un aliado; él deseaba proveer lo que pensaba sería una seguridad futura y libertad para el pueblo de Israel al compartir el poder maligno de su enemigo. El meollo del asunto es que él no escuchó al SEÑOR.

Grandes sectores de la iglesia tienen algo similar. Ellos han hecho paz con el hombre natural. Han perdido oportunidad tras oportunidad para darle muerte a las obras de la carne por el Espíritu. Aunque ellos han sido advertidos, todavía no creen lo que Dios dice: *Porque si viviereis conforme a la carne, moriréis; mas si por el Espíritu mortificáis las obras del cuerpo, viviréis* (Romanos 8:13).

Aquellos que continúan confraternizando con Jezabel y sus falsos profetas vendrán a una gran tribulación (Apocalipsis 2:20–23).

> 25 Y hubo grande hambre en Samaria, teniendo ellos cerco sobre ella; tanto que la cabeza de un asno era vendida por ochenta piezas de plata, y la cuarta de un cabo de estiércol de palomas por cinco piezas de plata.

Esto era significativo. Todo empezó a moverse rápidamente de mal en peor (Deuteronomio 28:15–68).

> 26 Y pasando el rey de Israel por el muro, una mujer le dio voces, y dijo: Salva, rey señor mío.
>
> 27 Y él dijo: Si no te salva el SEÑOR, ¿de dónde te puedo salvar yo? ¿Del alfolí, o del lagar?
>
> 28 Y le dijo el rey: ¿Qué tienes? Y ella respondió: Esta mujer me dijo: Da acá tu hijo, y comámoslo hoy, y mañana comeremos el mío.
>
> 29 Cocimos, pues, mi hijo, y le comimos. El día siguiente yo le dije: Da acá tu hijo, y comámoslo. Mas ella ha escondido su hijo.
>
> 30 Y cuando el rey oyó las palabras de aquella mujer, rasgó sus vestidos, y pasó así por el muro; y el pueblo vio el cilicio que traía interiormente sobre su carne.

El rey se puso cilicio debajo de sus vestidos reales, lo cual representaba arrepentimiento, porque él no quería arrepentirse públicamente, aun cuando las terribles abominaciones estaban ocurriendo exactamente en su cara.

Los líderes de organizaciones cristianas hoy están en más y más problemas similares a los que tuvo el rey de Israel. Ellos saben que Dios está empezando a juzgar su situación. Cosas que no tienen otra explicación están ocurriendo, y mientras ellos se han puesto el cilicio, este está por debajo de sus vestidos reales.

En privado, ellos claman al Señor pidiéndole que los saquen de su problema en continuo aumento. Sin embargo, en público no quieren admitir haber construido sus propios reinos. Ellos no quieren arrepentirse públicamente de sus pecados colectivos y corporales. Ellos rehúsan reconocer que han construido poderosas maquinarias religiosas que no solo quitan la libertad al pueblo de Dios, sino que además impiden al pueblo que estén libremente guiados por el Espíritu Santo. Ellos han usado a los falsos profetas de Jezabel para controlar al pueblo.

Ahora el rey de Israel estaba por hacer algo peor.

> 31 Y él dijo: Así me haga Dios, y así me añada, si la cabeza de Eliseo hijo de Safat quedare sobre él hoy.

En vez de asumir la responsabilidad y conducir al pueblo en un genuino y abierto arrepentimiento, el rey de Israel culpó a Eliseo de todos sus problemas. ¿Por qué? Porque Eliseo había capturado a sus enemigos, pero no le permitió matarlos. Entonces, en medio de gran tribulación, el rey decidió matar a Eliseo a pesar del hecho de que era su propio padre, Acab, quien perdonó a Ben-hadad, ¡el rey enemigo quien ahora estaba causándole todo el daño!

Cuando Jezabel amenazó con matar a Elías, él corrió. Cuando el rey amenazó con matar a Eliseo, él no corrió.

> 32 Y Eliseo sentado en su casa, y con él estaban sentados los ancianos; y el rey envió a él un varón. Mas antes que el mensajero viniera a él, dijo él a los ancianos: ¿No habéis visto como este hijo del homicida me envía a quitarme la cabeza? Mirad, pues, y cuando viniere el mensajero, cerrad la puerta, e impedidle la entrada; ¿no viene tras él estruendo de los pies de su amo?

Ellos venían a matarlo, y Eliseo se sentó allí pacientemente con los ancianos.

> 33 Aún estaba él hablando con ellos, y he aquí el mensajero que descendía a él; y dijo: Ciertamente este mal del SEÑOR viene. ¿Para qué he de esperar más al SEÑOR?

Ellos no solamente culparon a Eliseo; también culpaban al SEÑOR de toda su desgracia.

Jesús meditó, *Cuando el hijo del hombre regrese, ¿hallara fe en la tierra?* Proféticamente, la tierra es el ámbito de Israel y la Iglesia.

Eliseo era una representación del Señor, y él no encontró fe en el rey o en muchos del pueblo de Israel (el pueblo de Dios).

Todavía permanecía un remanente fiel de siete mil que no habían doblado rodilla ante Baal. Entre los hijos de los profetas, había un grupo fiel, un número de personas, incluyendo a los ancianos que continuaron escuchando a Eliseo. La palabra *anciano* en hebreo se refiere a madurez.

Las Escrituras manifiestan que antes del retorno de Jesucristo, tribulación peor que cualquiera que haya ocurrido caerá sobre la tierra; *y si el Señor no hubiera acortado aquellos días, ninguna carne se salvaría* (Marcos 13:20). Durante un periodo llamado el tiempo de angustia para Jacob, mucho pueblo de Dios temerá que todo esté perdido (Jeremías 30:7). Durante ese tiempo, las Escrituras manifiestan que el amor de muchos se enfriará.

Oremos:

Padre Celestial, que podamos ser hallados fieles hasta el final. Que siempre podamos apreciar y darte gracias por todo lo que has hecho por nosotros. Que siempre podamos tener esperanza, y que el fuego de tu amor siempre arda resplandeciente en nuestros corazones.

Que podamos permanecer de pie en el campo de batalla de la vida hasta que tu perfecta voluntad sea realizada en, y a través de nosotros.

Te lo pedimos en el nombre del Señor Jesucristo. Amén.

Capítulo Trece

La tribulación es acortada inesperadamente

2 Reyes 7

1 Dijo entonces Eliseo: Oíd palabra del SEÑOR: Así dijo el SEÑOR: Mañana a estas horas valdrá el seah de flor de harina un siclo, y dos seah de cebada un siclo, a la puerta de Samaria.

2 Y un capitán sobre cuya mano el rey se apoyaba, respondió al varón de Dios, y dijo: Si el SEÑOR hiciera ahora ventanas en el cielo, ¿sería esto así? Y él dijo: He aquí tú lo verás con tus ojos, mas no comerás de ello.

Este es probablemente el mismo capitán que el rey mandó para cortarle la cabeza a Eliseo.

Cuatro hombres leprosos con nada que perder

3 Y había cuatro hombres leprosos a la entrada de la puerta, los cuales dijeron el uno al otro: ¿Para qué nos estamos aquí para que muramos?

4 Si hablaremos de entrar en la ciudad, por el hambre que hay en la ciudad moriremos en ella; y si nos quedamos aquí, también moriremos. Vamos, pues, ahora, y pasémonos al ejército de los Sirios; si ellos nos dieren la vida, viviremos; y si nos dieren la muerte, moriremos.

Estos cuatro leprosos jugaron un papel crucial en el plan de Dios.

5 Se levantaron, pues, en el principio de la noche, para irse al campamento de los sirios; y llegando a las primeras estancias de los sirios, no había allí hombre.

6 Porque el Señor había hecho que en el campamento de los sirios se oyera estruendo de carros, ruido de caballos, y

> estrépito de gran ejército; y se dijeron los unos a los otros: He aquí el rey de Israel ha pagado contra nosotros a los reyes de los heteos, y a los reyes de los egipcios, para que vengan contra nosotros.
>
> 7 Y así se habían levantado y huido al principio de la noche, dejando sus tiendas, sus caballos, sus asnos, y el campamento como se estaba; y habían huido para salvar las vidas.

¿Qué causó el ruido de los carros y los caballos que los sirios escucharon? Considere esto. El ejército del SEÑOR rodeaba la ciudad de Dotán cuando los sirios planeaban atrapar y matar a Eliseo, y el SEÑOR abrió los ojos del joven siervo de Eliseo, de modo que él pudo ver las cosas desde el punto de vista de Dios. Esta misma hueste celestial debe haber continuado apoyando a Eliseo y el remanente fiel—aquellos que no doblaron su rodilla ante Baal. Dios nunca abandona los suyos. Cuando Dios envía juicio, él nunca destruye al justo junto con el impío, (Génesis 18:23–33).

> 8 Y cuando los leprosos llegaron a las primeras estancias, entraron en una tienda, y comieron y bebieron, y tomaron de allí plata, oro, y vestido, y fueron, y lo escondieron; y vueltos, entraron en otra tienda, y de allí también tomaron, y fueron, y escondieron.

Cuatro leprosos asaltaron el campamento enemigo y se gozaron de una fiesta, mientras el resto del pueblo de Dios estaba muriendo de hambre dentro de la ciudad de la religión.

> 9 Y se dijeron el uno al otro: No hacemos bien; hoy es día de dar la buena nueva, y nosotros callamos; y si esperamos hasta la luz de la mañana, seremos tomados en la iniquidad. Vamos pues, ahora, entremos y demos la nueva en casa del rey.

Los cuatro leprosos todavía tenían conciencia. La iniquidad es cuando una persona hace la cosa equivocada, sabiendo a fondo que lo que está haciendo está mal.

> 10 Y vinieron, y dieron voces a los guardas de la puerta de la ciudad, y les declararon, diciendo: Nosotros fuimos al campamento de los sirios, y he aquí que no había allí

hombre, ni voz de hombre, sino los caballos atados, los asnos atados, y el campamento como estaba.

11 Y los porteros dieron voces, y lo declararon dentro, en la casa del rey.

12 Y se levantó el rey de noche, y dijo a sus siervos: Yo os declararé lo que nos han hecho los sirios. Ellos saben que tenemos hambre, y han salido de las tiendas y se han escondido en el campo, diciendo: Cuando hubieren salido de la ciudad, los tomaremos vivos, y entraremos en la ciudad.

El rey era incapaz de recibir buenas noticias (el evangelio son buenas noticias). Él no podía creer cuando Dios envió un mensaje a través del profeta Eliseo de que habría liberación y salvación en la mañana. A más de eso, él no podía creer a cuatro leprosos. La conciencia y el discernimiento de los cuatro leprosos probaba ser mucho mejor que la del rey.

13 Entonces respondió uno de sus siervos, y dijo: Tomen ahora cinco de los caballos que han quedado en la ciudad, (porque ellos también son como toda la multitud de Israel que ha quedado en ella; también ellos son como toda la multitud de Israel que ha perecido); y enviemos y veamos qué hay.

14 Tomaron pues dos caballos de un carro, y envió el rey tras el campamento de los sirios, diciendo: Id, y ved.

15 Y ellos fueron, y los siguieron hasta el Jordán; y he aquí, todo el camino estaba lleno de vestidos y de vasos que los sirios habían arrojado con la premura. Y volvieron los mensajeros, y lo hicieron saber al rey.

16 Entonces el pueblo salió, y saquearon el campamento, de los sirios. Y fue vendido un seah de flor de harina por un siclo, y dos seah de cebada por un siclo, conforme a la palabra del SEÑOR.

17 Y el rey puso a la puerta a aquel príncipe sobre cuya mano él se apoyaba; y le atropelló el pueblo a la entrada, y murió, conforme a lo que había dicho el varón de Dios, lo que habló cuando el rey descendió a él.

> 18 Aconteció, pues, de la manera que el varón de Dios había
> hablado al rey, diciendo: Dos seah de cebada por un siclo, y
> el seah de flor de harina será vendido por un siclo mañana
> a estas horas, a la puerta de Samaria.
> 19 A lo cual aquel príncipe había respondido al varón de
> Dios, diciendo: Aunque el SEÑOR hiciera ventanas en el
> cielo, ¿pudiera ser eso? Y él dijo: He aquí tú lo verás con tus
> ojos, mas no comerás de ello.
> 20 Y le sucedió así; porque el pueblo le atropelló a la entrada,
> y murió.

Viene un tiempo cuando la persona que ha rehusado oír la Palabra del Señor, no tendrá más otra oportunidad. Será demasiado tarde.

En ese día, cuando el pueblo de la ciudad disfrutaba de los despojos del campamento sirio, la mayoría de ellos tuvo otra oportunidad, pero ese capitán no la tuvo. En este reino, él era un hombre de autoridad y poder, la mano derecha para el rey. Él tenía el oído del rey. De hecho, él le dio un mal consejo. Cuando el pueblo salía precipitadamente de la ciudad para saquear el campamento sirio, este capitán pensó que tenía el control, pero él había agotado su última oportunidad. El tiempo está viniendo cuando muchos de los que han controlado cosas (y han ayudado a otros a controlar) tendrán su última oportunidad. Otros, que hasta ahora no han tenido posibilidades tendrán su oportunidad.

Por ejemplo, cuando Giezi tomó las cosas de Naamán, las guardó, pero también recibió la lepra de Naamán. En contraste, cuando Dios envió liberación y bendición a su pueblo en la ciudad, los cuatro leprosos que estaban afuera de la ciudad fueron los primeros en recibirla. ¿No es esto interesante?

Giezi no solo aceptó las cosas de Naamán, sino que también escondió el dinero y los vestidos en un lugar secreto y fingió que no había ido a ninguna parte. En el caso de los cuatro leprosos, su conciencia les recordó que ellos deberían inmediatamente dejar conocer al rey y a la ciudad la maravillosa noticia de lo que el SEÑOR había hecho.

Cuando el Señor provee para nosotros, es muy, muy diferente de cuando intentamos tomar las cosas por nuestras propias manos.

No estamos autorizados para controlar y manipular las cosas. Las Escrituras manifiestan que *no solo con el pan vivirá el hombre, mas con toda palabra que sale por la boca de Dios* (Mateo 4:4).

Los días en los que era posible construir fortalezas religiosas de acuerdo a las formas de los hombres, están llegando a su fin. Lo que sobrevivirá y resistirá, y se levantará en la autoridad del Señor, es un pueblo en el que cada persona tiene su propia relación con el Señor.

Podemos aprender varias cosas importantes acerca de Eliseo en este relato:

- Eliseo no se impuso ni fomentó un culto a la personalidad alrededor de él. Él no intentó controlar personalmente a los otros profetas; él se enfocó en dar la Palabra del SEÑOR. Cada profeta estaba bajo el control directo del SEÑOR, y por tanto, cada uno respetaba la autoridad que Dios había colocado sobre Eliseo.
- Eliseo nunca tuvo que esconderse ni correr. A diferencia de Elías que huyó de Jezabel y después estuvo muy avergonzado, Eliseo nunca huyó de los problemas en todo su ministerio.
- El mundo religioso y el sistema religioso no pudo vencerlo. La Palabra del Señor a través de Eliseo siempre fue verdadera y permaneció firme. En el amanecer del nuevo día, el Señor tendrá un pueblo como este.

Oremos:

Padre Celestial, te damos gracias por el ejemplo de Eliseo. Que podamos tomar esto en serio y confiar en ti plenamente.

Te lo pedimos en el nombre de nuestro Señor Jesucristo. Amén.

Capítulo Quince

Un hambre espiritual

Junto con la doble medida del ministerio de Eliseo vino más responsabilidad para los reyes y para el pueblo. Pablo predicó que, en los tiempos de ignorancia, Dios pasó por alto (o guiñó el ojo) muchas cosas, pero con la predicación del evangelio, Dios estaba ordenando a todos los hombres en todas partes que se arrepientan (Hechos 17:30). Las Escrituras también manifiestan que a quien se le da mucho, más le será demandado (Lucas 12:48).

Aquellos que no desean verdaderamente oír la Palabra de Dios y escogen no responder a la voz de Dios, rechazando inclinarse ante la soberanía de Dios, nunca aprenderán a ser guiados por el Espíritu de Dios. Estas personas son condenadas a andar en zig-zag entre el legalismo y el libertinaje hasta que el tiempo se acabe para ellos. Con frecuencia, si los padres son muy legalistas, los hijos se lanzan al libertinaje o viceversa.

2 Reyes 8

> 1 *Y habló Eliseo a aquella mujer a cuyo hijo había hecho vivir, diciendo: Levántate, vete tú y toda tu casa a vivir donde puedas; porque el SEÑOR ha llamado el hambre, la cual vendrá sobre la tierra siete años.*

Cuando Elías estuvo delante del malvado rey Acab, él anunció que no habría más lluvia. ¿Cuánto duró la sequía? Jesús dijo que duró tres años y seis meses (Lucas 4:25).

El ministerio de la doble medida llegó a ser mucho más claro, acompañado de abundante evidencia innegable de milagros, bendiciones y soberanía de Dios; aun cuando la misericordia de Dios es rechazada, la sequía resultante también es doble.

Si el rey Acab luchó por encontrar un poco de yerba para mantener sus caballos y mulas vivas al final de tres años y medio de sequía (para sustentar su andar en la carne), ¿Qué sucederá después de siete años de sequía? Para nosotros, esto asegurará que nadie podrá permanecer vivo espiritualmente, a menos que ellos rindan su caminar en la carne, sus reinos privados, e incluso sus propias vidas al Señor. Este es el mismo cuadro de lo que sucedió con José en Egipto cuando el pueblo se vio obligado a vender sus animales, luego sus tierras, y finalmente ellos mismos a José con el fin de permanecer vivos. (Génesis 47:13–26).

Recuerde que una mujer con frecuencia representa todo un grupo de personas en las Escrituras. Esta sequía prometía ser tan mala que la mujer y toda su casa fueron advertidas por Eliseo para abandonar Israel e ir a algún lugar. Cualquier otro lugar sería mejor.

En las iglesias hoy, una sequía por la verdadera Palabra de Dios tiene a muchas familias saliendo de modo que no mueran de hambre espiritualmente. Aquellos que están abandonando iglesias establecidas no saben aun exactamente a dónde ir. Las únicas instrucciones claras que ellos tienen del Señor son que deben salir de "Israel" hasta que los "siete años" de sequía se terminen.

> 2 *Entonces la mujer se levantó, e hizo como el varón de Dios le dijo; y partió ella con su familia, y vivió en tierra de los filisteos siete años.*

La tierra de los Filisteos es la tierra de la muerte, la tierra de los enemigos seculares. Cuando Dios preparó a David y sus valientes hombres para liberar a Israel, ellos también fueron enviados a vivir en la tierra de los filisteos. De hecho, muchos filisteos llegaron a ser leales a David y vinieron a ser parte de los hombres victoriosos de David.

> 3 *Y cuando fueron pasaron los siete años, la mujer volvió de la tierra de los filisteos; después salió para clamar al rey por su casa, y por sus tierras.*
> 4 *Y había el rey hablado con Giezi, criado del varón de Dios, diciéndole: Te ruego que me cuentes todas las maravillas que ha hecho Eliseo.*

¿Recuerda a Giezi? Como mencionaba antes, su nombre significa "orgullo contemplado". Él llegó a ser un leproso de por vida, porque él buscó ganancia personal cuando Naamán, el general enemigo, fue sanado de lepra.

Aun después de siete años de hambre, Giezi y el rey no clamaron a Dios por misericordia porque ya estaban muertos en delitos y pecado. Dios había advertido del hambre como una oportunidad para que se arrepintieran, pero ellos no se arrepintieron. En vez de eso, ellos se sentaron a contar historias de los antiguos buenos tiempos cuando Dios hizo milagros a través de la mano de Eliseo.

Esto es parecido a las iglesias muertas de hoy, donde no se ha servido por bastante tiempo verdadero alimento espiritual. Sin embargo, los que asisten se sientan alrededor a contar historias acerca de los milagros pasados de la iglesia y cosas escritas en la Biblia.

No tienen en cuenta que esas grandes cosas de Dios no están sucediendo en su medio hoy.

Algunos enseñan que vivimos en un tiempo del silencio de Dios, hoy. Otros han presenciado a tantos falsos profetas y falsos hacedores de milagros que ya no creen más. Ellos están contentos con sentarse y escuchar historias de la iglesia primitiva, la Reforma, el Gran Despertar, el Avivamiento de Gales, La Calle Azuza, el Avivamiento de 1948, o el Avivamiento de 1967.

Ellos se sientan como espectadores religiosos en una rutina que mira hacia atrás donde Dios no se está moviendo. Ellos se sientan en su rebelión como el rey de Israel y con la lepra de su pecado como Giezi, en vez de caer sobre sus rostros para buscar al Señor.

> 5 *Y contando él al rey cómo había hecho vivir a un muerto, he aquí la mujer, a cuyo hijo había hecho vivir, que clamaba al rey por su casa y por sus tierras. Entonces dijo Giezi: Rey señor mío, esta es la mujer, y este es su hijo, al cual Eliseo hizo vivir.*

El Señor hace cosas como esta. Cuando las personas son complacientes con sus errores, él puede dejar las cosas hasta el tiempo apropiado para enviar su Palabra y testimonio una vez más. Después de siete años de hambre, él envió a la misma mujer, junto con el mismo hijo que había levantado de los muertos, para estar delante del rey.

> 6 Y preguntando el rey a la mujer, ella se lo contó. Entonces el rey le dio un eunuco, diciéndole: Hazle volver todas las cosas que eran suyas, y todos los frutos de las tierras desde el día que dejó las tierras hasta ahora.

¿Qué piensa usted acerca de esto? Dios envió a la mujer fuera de Israel durante siete años de "hambre", y cuando regresó, ella no había perdido una sola cosa. ¡El malvado rey de Israel le regresó sus tierras y todos los frutos durante los siete años! Tenemos otros ejemplos de Dios obrando así, empezando con José en Egipto cuando él experimentó siete años de abundancia seguidos de siete años de hambre.

Todo esto está ligado con la profecía y las órdenes dadas a Elías en 1 Reyes 19, después que cayó fuego del cielo y luego mató a todos los profetas de Baal en el momento cuando Elías escapaba de Jezabel al monte de Dios para proteger su vida.

Dios tomó a Elías en un largo camino hacia la victoria. Eliseo tuvo que acompañar a Elías a través de algunos tratos con Dios en el río Jordán, donde él rindió su vida y fue llevado victorioso a la eternidad. No solamente esto, sino que Elías dejó a Eliseo un manto victorioso (que simboliza la Cobertura directa de Dios) y sembró las semillas para una victoriosa compañía de vencedores de los hijos de los profetas que vivieron para ver la derrota de Jezabel y de todos los adoradores de Baal. Después de recibir este manto, Eliseo nunca corrió y nunca se quejó. Él siguió y aprendió del ejemplo de Elías y caminó en victoria perfecta. Eliseo fue llamado por Dios para seguir y completar esas cosas que Elías no había terminado. ¿Recuerda que eran?

Aquí está un recordatorio de lo que el SEÑOR había dicho a Elías:

> Y le dijo el SEÑOR: Ve, vuélvete por tu camino, por el desierto de Damasco; y llegarás, y ungirás a Hazael por rey de Siria; y a Jehú hijo de Nimsi, ungirás por rey sobre Israel; y a Eliseo hijo de Safat de Abel-mehola, ungirás para que sea profeta en lugar de ti.

> Y será, que el que escapare de la espada, de Hazael, Jehú lo matará; y el que escaparé de la espada de Jehú, Eliseo lo matará. Y yo haré que queden en Israel siete mil; todas las rodillas que no se encorvaron ante Baal, y todas las bocas que no lo besaron. (1 Reyes 19:15–18)

(En el momento que estas instrucciones fueron dadas por Dios directamente a Elías, Hazael y Jehú eran niños, y Eliseo era de aproximadamente treinta años. Esto tomaría otros veinticinco años para que todo esto fuera realizado).

Las traducciones erradas han creado un malentendido en relación a este pasaje. Lo que Dios está realmente diciendo aquí es que el Señor está arrancando la cizaña fuera del pueblo de Dios, y en medio del juicio, él hará que siete mil personas justas permanezcan — los que no están contaminados en ninguna forma con Baal.

Proféticamente, siete mil significa el número perfecto de todos aquellos que han sido redimidos verdaderamente. El pueblo de Dios (Israel y la iglesia) están a punto de ir a través del juicio de Dios, y Dios promete que "siete mil" permanecerán. Este juicio vendrá de tres lados, simbolizados por Hazael, Jehú y Eliseo (quienes tiene sus respectivos amigos y aliados).

Cuando Dios dio esta palabra por primera vez a Elías, parecía que sería implementada inmediatamente. Esto, sin embargo, no fue el caso. La única cosa que sucedió más o menos inmediatamente fue el llamado de Eliseo (que no estaba ungido con la doble medida hasta años más tarde). Fueron más de veinticinco años después del llamado de Eliseo y varios años después que Elías fue llevado a la gloria que el resto de estas instrucciones que Dios le había dado a Elías iban a ser cumplidas.

En la historia reciente, cosas similares sucedieron hace décadas y están sucediendo hoy. Estoy convencido que pronto veremos el cumplimiento de cosas prometidas hace años. Después de toda la sequía que hemos experimentado, Dios desea recordarnos que *no solo del pan vivirá el hombre, sino de cada palabra que sale de la boca de Dios.*

La iglesia en Colombia, la iglesia en los Estados Unidos, de hecho, la iglesia por el mundo entero (con unas pocas excepciones como la tierra de los "filisteos") sufre de sequía espiritual. Y Giezi ha estado diciéndole al rey (que puede representar a cualquiera de nosotros que ejercita cualquier tipo de responsabilidad) las historias acerca de lo que Dios hizo en ocasiones anteriores. Iglesias sin número y sinagogas y mezquitas están llenas de varias versiones del rey no arrepentido y Giezi con su lepra.

Eliseo era claramente una continuación del ministerio de Elías, así como Jesús siguió el ministerio de Juan el Bautista, quien fue en el espíritu y poder de Elías. Ahora estamos entrando en el tiempo y estación de la segunda venida del Señor Jesucristo.

Recuerde que Eliseo significa "Dios de (el) que viene". Eliseo es también repetidamente llamado "varón de Dios". La palabra hebrea aquí denota un hombre nacido libre en vez de un esclavo. Esta es también una referencia al cuerpo de Cristo, que está compuesto de los que son nacidos de nuevo en la libertad por el Espíritu de Dios. Porque donde está el Espíritu de Dios, allí hay libertad.

Al final de los "siete años" de sequía, estamos por ver mucha acción. Dios una vez más enviará la lluvia de su bendición.

Él enviará su Palabra, la cual es nuestro sustento espiritual. ¿Cómo vendrá esto? Continuemos en 2 Reyes 8 para ver:

2 Reyes 8

> 7 *Eliseo se fue luego a Damasco, y Ben-adad rey de Siria estaba enfermo, al cual dieron aviso, diciendo: El varón de Dios ha venido aquí.*

Normalmente, alguien importante de Israel pensaría dos veces antes de entrar en la ciudad del enemigo por temor de que fuera asesinado. Eliseo con su doble medida de unción, fue donde Dios lo envió. Él permaneció firme y el enemigo se encontraba en problemas si decidían entrometerse con él.

> 8 *Y el rey dijo a Hazael: Toma en tu mano un presente, y ve a recibir al varón de Dios, y consulta por él al SEÑOR, diciendo: ¿He de sanar de esta enfermedad?*

Parece que el rey enemigo tenía más respeto por Eliseo que el rey de Israel. De hecho, Dios usó el ministerio de Eliseo para tocar e influenciar a muchos entre los enemigos de Israel en Siria y otros lugares. Este también será el caso hoy.

> [9] Tomó, pues, Hazael en su mano un presente de todos los bienes de Damasco, cuarenta camellos cargados, y le salió a recibir; y llegó, y se puso delante de él, y dijo: Tu hijo Ben-adad, rey de Siria, me ha enviado a ti, diciendo: ¿He de sanar de esta enfermedad?

Este no era un "pequeño" presente.

> [10] Y Eliseo le dijo: Ve, dile: Podrás ciertamente sanarse. Pero el SEÑOR me ha mostrado que él ha de morir ciertamente.

¡Mire esta Palabra! ¿No es extremadamente interesante?

Todavía era posible para el rey recuperarse. Pero el SEÑOR le mostró a Eliseo que este definitivamente no sería el caso.

Muchas palabras proféticas incluyen este tipo de componente y las decisiones y actitudes de último minuto pueden todavía afectar el resultado porque Dios no nos quita nuestra libre voluntad. En este caso, la intervención de Hazael también puso el clavo final en el ataúd para el rey de Siria. Dios conoce el final desde el principio, pero él todavía hace responsable a todos y cada uno de nosotros por responsabilidades que él ha colocado en nuestras manos.

Este es un mensaje para las personas hoy que actúan y se sienten como reyes porque tienen responsabilidades. Aun así, todavía es posible para ellos entrar en sanidad espiritual y salvación, pero desafortunadamente, muchos de ellos morirán en su pecado y rebelión.

Eliseo miró profundamente a los ojos de Hazael, el general enemigo.

> [11] Y el varón de Dios le miró fijamente, y se estuvo así hasta avergonzarse; y lloró el varón de Dios.
>
> [12a] Entonces le dijo Hazael: ¿Por qué llora mi señor? …

Eliseo estaba recordando la Palabra del SEÑOR dada a Elías:

> [12b] … Y él respondió: Porque sé el mal que has de hacer a los hijos de Israel; a sus fortalezas pegarás fuego, y a sus

> jóvenes matarás a espada, y estrellarás a sus niños, y abrirás a sus preñadas.

Dios estaba por usar a Hazael para efectuar juicio sobre Israel. Todos los contaminados con Baal y que no eran limpios serían borrados de una manera o de otra. Recuerde que Baal quiere decir *"maestro, esposo, o controlador"*. Hazael significa *"a quien Dios ve"* o *"a quien Dios protege"*. Dios ve a cada uno, pero Dios no necesariamente protege a cada uno.

Bajo ciertas condiciones, el juicio de Dios puede ser pospuesto (1 Reyes 21:29). Diferentes factores pueden causar que Dios demore el juicio. Dios hace que su sol de justicia y su lluvia de bendición lleguen sobre el justo y sobre el injusto.

Un día de cosecha un día de juicio final — ciertamente viene. Cuando el fruto de la cosecha no es del agrado de Dios, él lo destruirá (Amós 8:1–3). Esto estaba por suceder a Israel, y Dios iba a usar a Hazael, quien como lo veremos era despiadado.

Muchos del pueblo de Dios estaban confiados que Dios nunca ungiría a su enemigo para venir en contra de ellos. Elías pudo haber ungido a Hazael años antes de acuerdo a la Palabra del Señor. Ahora Eliseo confirmaba esta Palabra.

> 13 Y Hazael dijo: ¿Por qué? ¿Es tu siervo perro, que hará esta gran cosa? Y respondió Eliseo: el SEÑOR me ha mostrado que tú has de ser rey de Siria.

Hazael, como muchos en Siria hoy, pensaban que era una gran cosa borrar a Israel. Y recuerde que la mayoría de quienes quieren destruir a Israel también desean destruir la iglesia.

> 14 Y él se fue de Eliseo, y vino a su señor, el cual le dijo: ¿Qué te dijo Eliseo? Y él respondió: Me dijo que podrás ciertamente sanarse.
>
> 15 Al día siguiente tomó un paño basto, y lo metió en agua, y lo tendió sobre el rostro de Ben-adad y murió; y reinó Hazael en su lugar.

En el palacio en Jerusalén

> 16 En el quinto año de Joram hijo de Acab rey de Israel, siendo Josafat rey de Judá, comenzó a reinar Joram hijo de Josafat rey de Judá.

Ahora tenemos dos Joram; uno era el hijo de Acab y Jezabel y el otro estaba casado con la hija de Acab y Jezabel. Joram significa *"a quien el SEÑOR ha exaltado"*. Muchos del pueblo de Israel y Judá pretendían que el SEÑOR había exaltado a estos dos reyes cuando en realidad Jezabel y sus aliados estaban involucrados.

> 17 De treinta y dos años era cuando comenzó a reinar, y ocho años reinó en Jerusalén.
>
> 18 Anduvo en el camino de los reyes de Israel, como hizo la casa de Acab; porque una hija de Acab fue su mujer; e hizo lo malo ante los ojos del SEÑOR.

Como resultado de la influencia de Jezabel y de la casa de Acab, las cosas tomaron un cambio muy malo en Judá.

> 19 Con todo esto, el SEÑOR no quiso cortar a Judá, por amor de David su siervo, como le había prometido darle lámpara de sus hijos perpetuamente.

Debido a la herencia pasada de hombres y mujeres piadosos, el Señor no ha quitado completamente su presencia (y protección) de muchas partes de la iglesia cristiana.

> 20 En su tiempo se rebeló Edom de debajo de la mano de Judá, y pusieron rey sobre sí.
>
> 21 Joram por tanto pasó a Seir, y todos sus carros con él; y levantándose de noche hirió a los idumeos, los cuales le habían cercado, y a los capitanes de los carros; y el pueblo huyó a sus estancias.
>
> 22 Sin embargo, Edom se rebeló de bajo la mano de Judá, hasta hoy. Se rebeló además Libna en el mismo tiempo.

La historia de Israel y Judá separándose y luego desmoronándose poco a poco, mientras el tiempo pasaba, mientras el camino de corrupción continuaba, tiene un paralelo cercano en la historia de la iglesia. Primero la división entre este y oeste, luego la Reforma

Protestante, y ahora tenemos más de 30,000 denominaciones y sectas, e incluso iglesias independientes locales continúan separándose y dividiéndose. Una cosa que invariablemente tiende a juntar a los verdaderos cristianos es la persecución. Tenemos más persecución de cristianos hoy que en cualquier otro tiempo en la historia con más nubes de tormenta asomando en el horizonte.

> 23 Los demás hechos de Joram, y todas las cosas que hizo, ¿no está todo escrito en el libro de las crónicas de los reyes de Judá?
>
> 24 Y durmió Joram con sus padres, y fue sepultado con sus padres en la ciudad de David; y reinó en lugar suyo Ocozías, su hijo.

De mal en peor en Judá

> 25 En el año doce de Joram hijo de Acab rey de Israel, comenzó a reinar Ocozías hijo de Joram rey de Judá.
>
> 26 De veintidós años era Ocozías cuando comenzó a reinar, y reinó un año en Jerusalén. El nombre de su madre fue Atalía hija de Omri rey de Israel.
>
> 27 Anduvo en el camino de la casa de Acab, e hizo lo malo ante los ojos del SEÑOR, como la casa de Acab; porque era yerno de la casa de Acab.
>
> 28 Y fue a la guerra con Joram hijo de Acab a Ramot de Galaad, contra Hazael rey de Siria; y los Sirios hirieron a Joram.
>
> 29 Y el rey Joram se volvió a Jezreel, para curarse de las heridas que los Sirios le hicieron delante de Ramot, cuando peleó contra Hazael rey de Siria. Y descendió Ocozías hijo de Joram rey de Judá, a visitar a Joram hijo de Acab en Jezreel, porque estaba enfermo.

Joram y Ocozías nunca soñaron que Dios podría ungir a su enemigo para venir contra ellos. Ellos pensaron que continuarían ejecutando ritos y rituales superficiales, para usar el nombre de Dios, y que nada les sucedería a ellos.

Numerosas personas hoy creen que pueden hacer lo que a ellos les plazca y regresar a Dios cuando a ellos les plazca. Este no es el caso. Aquellos entre el pueblo de Dios que individualmente o corporalmente actúan a sabiendas en contra de la voluntad de Dios, no pueden regresar a Dios cuando a ellos les plazca. Ellos solamente pueden regresar si Dios abre la puerta del arrepentimiento.

Dios ahora está colocando el escenario para una gran confrontación. Dos de los tres elementos que él había prometido usar estaban ahora en su sitio. Eliseo estaba completando su función; Hazael, el rey enemigo, fue ungido y ya había causado una seria herida a Joram, rey de Israel. Ahora, Dios iba a colocar un nuevo rey sobre su pueblo, Israel. Esto sucedería abruptamente en una manera muy diferente a cualquier cosa que hubiera sucedido antes.

Oremos:

Padre Celestial, te damos gracias por darnos claridad y entendimiento acerca de los tiempos en que vivimos. Sabemos que esta historia no es solamente acerca de Israel y Judá hace muchos años, sino que este mensaje es para nosotros. Que el verdadero cumplimiento está muy cercano. Que prestemos atención a este importante mensaje y ser hallados fieles a la hora del fin.

Te lo pedimos en el nombre de nuestro Señor Jesucristo. Amén.

Capítulo Dieciséis

La caída de Jezabel

2 Reyes 9

> 1 Entonces el profeta Eliseo llamó a uno de los hijos de los profetas, y le dijo: Ciñe tus lomos, y toma esta botija de aceite en tu mano, y ve a Ramot de Galaad.
>
> 2 Y cuando llegues allá, verás allí a Jehú hijo de Josafat hijo de Nimsi; y entrando, haz que se levante de entre sus hermanos, y llévalo a la cámara.
>
> 3 Toma luego la botija de aceite, y derrámala sobre su cabeza, y di: *Así dijo el SEÑOR: Yo te he ungido por rey sobre Israel.* Y abriendo la puerta, echa a huir, y no esperes.

Ramot de Galaad era una ciudad Levítica de refugio localizada cerca de donde las Alturas de Golán, Israel, y el Jordán están juntos hoy. Los historiadores modernos no están seguros de la ubicación exacta, pero lo que sí saben es que este era un lugar estratégico para la defensa del antiguo Israel, y muchas batallas fueron peleadas para reclamarlo.

El joven profeta estaba instruido para decir, *Así dijo el SEÑOR,* porque Dios le había dicho a Elías que ungiera a Jehú más de veinticinco años atrás. Esta era una palabra que el SEÑOR ya le había dado y ahora sería cumplida.

Eliseo como Jesús, estaba listo para delegar importante responsabilidad.

> 4 Fue, pues, el joven, el siervo del profeta, a Ramot de Galaad.
>
> 5 Y cuando él entró, he aquí los príncipes del ejército que estaban sentados. Y él dijo: Príncipe, una palabra tengo que

> decirte. Y Jehú dijo: ¿A cuál de todos nosotros? Y él dijo: A ti, príncipe.

En hebreo la palabra traducida aquí como Príncipe también puede ser traducida *Capitán o Sacerdote.* La palabra denota autoridad debido al acceso a la presencia del rey. Esta era una persona que podía ir y venir entre el rey y el pueblo (o entre el rey y el ejército). Este, de hecho, es el origen de la palabra *Sacerdote.* En Cristo nosotros somos parte de un sacerdocio real. Este es el sacerdocio de todos los creyentes.

> 6 Y él se levantó, y entró en casa; y el otro derramó el aceite sobre su cabeza, y le dijo: Así dijo el SEÑOR Dios de Israel: Yo te he ungido por rey sobre el pueblo del SEÑOR, sobre Israel.

Ramot de Galaad significa "un montículo de testimonio sobre un lugar alto". Esta era una marca o lindero de la heredad del pueblo de Dios. Fue aquí donde el capitán Jehú llevó a cabo fielmente su deber en su puesto asignado, cuando la plena unción repentinamente vino sobre él. Jehú significa "el SEÑOR es él". Jehú también tiene una contraparte celestial Miguel, que quiere decir "quien es como Dios" (Si Daniel 12:1 y Mateo 13:41–43, 49–50 son pasajes paralelos, una mayor intervención de las huestes celestiales tendrá lugar en este tiempo).

Hasta este punto hemos visto lo que Dios había dicho a Elías y lo que Eliseo le dijo al joven profeta que dijera. Pero el profeta continúa hablando bajo la unción, aun después que derramara el aceite sobre la cabeza de Jehú, porque el Espíritu de Dios estaba sobre él.

> 7 Y herirás la casa de Acab tu señor, para que yo vengue la sangre de mis siervos los profetas, y la sangre de todos los siervos del SEÑOR, de la mano de Jezabel.
>
> 8 Y perecerá toda la casa de Acab, y talaré de Acab todo meante a la pared, así al guardado como al quedado en Israel.
>
> 9 Y yo pondré la casa de Acab como la casa de Jeroboam hijo de Nabat, y como la casa de Baasa hijo de Ahías.

> [10] Y a Jezabel la comerán los perros en el campo de Jezreel, y no habrá quien la sepulte. Y abrió la puerta, y echó a huir.

En el libro del Apocalipsis, vemos un tiempo cuando la falsa religión recibe un golpe mortal. Esto ocurre en el momento preciso ordenado por Dios (Apocalipsis 11:15–19), pero este momento también relaciona un ministerio profético diferente del que hemos conocido hasta ahora en la iglesia (Apocalipsis 10:11). Este ministerio profético con la Palabra de Dios no vendrá a través de cualquiera que tenga problemas con el hombre viejo.

Este ministerio profético traerá una palabra profética a través de un hombre nuevo en Cristo, a través de un profeta de muchos miembros que tiene un corazón puro y la mente de Cristo.

Cuando el joven profeta terminó de hablar, salió corriendo. Él solamente dijo lo que Dios estaba diciendo y no añadió una sola palabra suya. Bajo estas condiciones y dentro del preciso tiempo de Dios, esta palabra causó un efecto inmediato.

Esto no es como la mayoría de la palabra profética que hemos tenido hasta ahora. Han sido palabras limpias seguidas por una larga demora antes de ser cumplidas. La mayoría de las profecías bíblicas están realmente enfocadas a nuestro tiempo.

En este pasaje, vemos algo muy diferente. Las consecuencias son mucho más inmediatas. Ellas suceden tan rápido que el mensajero tenía que salir corriendo. Él dio el mensaje en secreto y escapó. Dentro de pocos minutos Ramot de Galaad sería fuertemente cerrada. A nadie se le permitiría salir.

> [11] Después salió Jehú a los siervos de su señor, y le dijeron: ¿Hay paz? ¿Para qué entró a ti aquel demente? Y él les dijo: Vosotros conoceréis al hombre y sus palabras.
>
> [12] Y ellos dijeron: Mentira; decláranoslo ahora. Y él dijo: Así y así me habló, diciendo: Así dijo el SEÑOR: Yo te he ungido por rey sobre Israel.

Jehú indudablemente todavía tenía todo el aceite de la unción derramado sobre él. Me han dicho que la fórmula para una medida sencilla del aceite de la unción era de dos galones (Éxodo 30:23–25). Si Eliseo preparó una doble medida (y este es probablemente el caso), el profeta derramó cuatro galones de aceite sobre la cabeza de Jehú. Quizás por esto era que los capitanes llamaron al joven profeta "este demente".

Cuando Jehú abrió su boca para hablar esta palabra, si esta no fue una verdadera Palabra del SEÑOR, cuando el rey Joram se diera cuenta, él inmediatamente habría matado a Jehú junto con todos sus amigos y familiares que parecían sospechosos.

> 13 Y tomaron prestamente cada uno su ropa, y la puso debajo de él en un trono alto, y tocaron el shofar, y dijeron: Jehú es rey.

Creo que este shofar o trompeta coincide con la séptima trompeta de Apocalipsis 11:15. Las consecuencias son similares.

¿Cuál es el significado de sus vestidos en este pasaje? Este era un símbolo de su autoridad y la autoridad bajo la cual se sometían — su cubierta. Ellos se quitaron sus uniformes e hicieron un trono para Jehú. Esto demostraba que aceptaban que Jehú reinara sobre ellos. Esto también demostró que estaban anulando cualquier compromiso anterior con el rey Joram.

> 14 Así conjuró Jehú hijo de Josafat hijo de Nimsi, contra Joram. (Estaba Joram guardando a Ramot de Galaad con todo Israel, por causa de Hazael rey de Siria.

Observe que Hazael ayudó a preparar el escenario para todo esto.

> 15 Pero se había vuelto el rey Joram a Jezreel, para curarse de las heridas que los sirios le habían hecho, peleando contra Hazael rey de Siria). Y Jehú dijo: Si es vuestra voluntad, ninguno escape de la ciudad, para ir a dar las nuevas en Jezreel.
>
> 16 Entonces Jehú cabalgó, y se fue a Jezreel, porque Joram estaba allí enfermo. También Ocozías rey de Judá había descendido allá a visitar a Joram.

Jezabel vivía en Jezreel y mandaba casi en todo Israel y en Judá tras de su hijo Joram y Ocozías su yerno. Jezreel estaba aproximadamente a cuarenta y dos millas (67.59 kms) de Ramot de Galaad.

> 17 Y el atalaya que estaba en la torre de Jezreel, vio la cuadrilla de Jehú, que venía, y dijo: Yo veo una cuadrilla. Y Joram

dijo: Toma uno de a caballo, y envía a reconocerlos, y que
les diga: ¿Hay paz?
18 Fue, pues, el de a caballo a reconocerlos, y dijo: El rey dice
así: ¿Hay paz? Y Jehú le dijo: ¿Qué tienes tú que ver con la
paz? Vuélvete tras mí. El atalaya dio luego aviso, diciendo:
El mensajero llegó hasta ellos, y no vuelve.
19 Entonces envió otro de a caballo, el cual llegando a ellos,
dijo: El rey dice así: ¿Hay paz? Y Jehú respondió: ¿Qué
tienes tú que ver con la paz? Vuélvete tras mí.
20 El atalaya volvió a decir: También este llegó a ellos y no
vuelve; mas el marchar del que viene es como el marchar de
Jehú hijo de Nimsi, porque viene impetuosamente.
21 Entonces Joram dijo: Unce, Y unció su carro, salieron
Joram rey de Israel, y Ocozías rey de Judá, cada uno en su
carro, y salieron a encontrar a Jehú, al cual hallaron en la
heredad de Nabot de Jezreel.
22 Y viendo Joram a Jehú, dijo: ¿Hay paz, Jehú? Y él respon-
dió: ¿Qué paz, con las fornicaciones de Jezabel tu madre, y
sus muchas hechicerías?

El SEÑOR ha dicho que traerá algunos juicios rápidamente cerca del fin del tiempo. Pero hoy tenemos a personas profetizando y enseñando que la tribulación del tiempo del fin y los juicios tomará mucho tiempo. Algunos dicen tres años y medio y otros dicen, siete años.

En los ejemplos del libro de Reyes, vemos tres años y medio de hambre profetizados por Elías, seguidos por siete años de hambre profetizados por Eliseo. Sin embargo, cuando Dios decide quitar a Jezabel y los reyes corruptos de Israel y Judá, solo tomará unos pocos minutos. En pocas horas, la extensa casa de Acab y todos los adoradores de Baal estaban muertos.

En el Apocalipsis, dice que Babilonia será lanzada con ímpetu y sus plagas vendrán en un día. Todas sus riquezas vendrán a nada en una hora (Apocalipsis 18:8-21).

No le tomó mucho tiempo en llegar el profeta, derramar el aceite de la unción sobre Jehú, y salir corriendo. Los otros capitanes tocaron el shofar e hicieron un trono con sus vestidos, y Jehú salió y cabalgó hasta Jezreel, que no estaba demasiado lejos.

Esto no le tomó mucho tiempo a Jehú desde que fue ungido hasta cuando ambos reyes y Jezabel estaban muertos. ¿Recuerda la historia del justo Nabot, el hombre que fue asesinado por Jezabel y Acab de modo que ellos pudieran robarse su viña? Jezreel significa "Dios siembra". Algunos que reclaman obrar en el nombre del SEÑOR han plantado numerosas cosas malas a lo largo de la historia de Israel y de la iglesia. Ahora es el tiempo para que todos cosechen de lo que han sembrado. La cosecha de lo que Dios ha sembrado también vendrá a la madurez, y entonces veremos la victoria donde en un momento parecía que estábamos derrotados, sin esperanza.

> 23 Entonces Joram volviendo la rienda huyó, y dijo a Ocozías: ¡Traición, Ocozías!

Aquellos dentro de la iglesia que han hecho tanto daño, y han perseguido a tantos en el nombre del SEÑOR, y no han permitido que la casa del Señor realmente sea una casa de oración para todas las naciones voltearán y correrán cuando finalmente sean confrontados por el ministerio comisionado por Dios para este propósito, pero ellos no podrán escapar. Sus socios "ecuménicos", como Ocozías no podrán ayudarlos. Ecuménico significa "en familia". Solo dos familias son importantes: la familia de Adán y la familia de Cristo; y ellos escogieron la familia equivocada.

> 24 Mas Jehú entesó su arco cuanto pudo, e hirió a Joram entre sus brazos, y la saeta salió por su corazón, y cayó en su carro.
>
> 25 Dijo luego Jehú a Bidcar su capitán: Tómalo y échalo a un extremo de la heredad de Nabot de Jezreel. Acuérdate que cuando tú y yo íbamos juntos tras Acab su padre, el SEÑOR pronunció esta sentencia sobre él diciendo:
>
> 26 Que yo vi ayer la sangre de Nabot, y la sangre de sus hijos, dijo el SEÑOR; y que te las tengo que devolver en esta heredad, dijo el SEÑOR. Tómale pues, ahora, y échalo en la heredad, conforme a la palabra del SEÑOR.

Jehú conocía toda la historia:

> 27 Y viendo esto Ocozías rey de Judá, huyó por el camino de la casa del huerto. Y lo siguió Jehú, diciendo: Herid también a este en el carro, a la subida de Gur, junto a Ibleam. Y el huyó a Meguido, y murió allí.

Este lugar había sido la viña de Nabot y Acab la convirtió en un huerto de verduras. Ocozías intentó escapar por el *camino del huerto de la casa.* Adán y Eva fueron desterrados del huerto de Dios. Cualquiera que intentara regresar a la presencia o lugar de Dios a través de esfuerzos carnales (en la vida que heredamos de Adán) será destruido. Gur significa *"un cachorro de león"*; Ibleam significa *"pueblo que devora"*. Meguido es la raíz del famoso término *Armagedón, o* literalmente *Har-Megiddo* (loma del lugar de Dios).

Diversos maestros de profecía esperan una última batalla a combatirse en Armagedón. Anterior a esto, algunos piensan que todos los cristianos serán arrebatados al cielo. Este no es el caso claramente en este y cada ejemplo profético en las Escrituras. Meguido es el sitio donde los de la compañía de Jehú — del verdadero príncipe — acabe con los enemigos de Dios que han estado camuflados entre el pueblo de Dios. (Recuerde que los eventos claves tendrán lugar en ambos ámbitos, el natural y el espiritual). Estos enemigos incluso han aún controlado al pueblo de Dios como el rey Ocozías.

Esta batalla se extiende más allá del ámbito físico y entra en el espiritual. Elías y Eliseo (y cualquiera que tuviere sus ojos abiertos por Dios) continuaron a vislumbrar las huestes celestiales, los carros y los jinetes de fuego. En el ámbito natural, por supuesto, también tenemos señales que nos ayudan a entender lo que está sucediendo en el ámbito espiritual.

> 28 Y sus siervos le llevaron en un carro a Jerusalén, y allá le sepultaron con sus padres, en su sepulcro en la ciudad de David.
>
> 29 En el undécimo año de Joram hijo de Acab, comenzó a reinar Ocozías sobre Judá.

Ocozías, el rey de Judá, recibió un entierro aceptable, en cambio, Jezabel y el rey de Israel no lo tuvieron.

La muerte de Jezabel

> 30 Y vino Jehú a Jezreel; y cuando Jezabel lo oyó, adornó sus ojos con antimonio, y atavió su cabeza, y se asomó por una ventana.
>
> 31 Y cuando entraba Jehú por la puerta, ella dijo: ¿Tuvo paz Zimri, quien mató a señor?

Las últimas palabras de Jezabel fueron otro intento religioso para cargar a alguien con culpabilidad. Sin embargo, Jehú no argumentó con ella. Rara vez es buena idea discutir con personas religiosas.

> 32 Alzando él entonces su rostro hacia la ventana, dijo: ¿Quién es conmigo? ¿Quién? Y miraron hacia él dos o tres eunucos.
>
> 33 Y él les dijo: Echadla abajo. Y ellos la echaron; y parte de su sangre fue salpicada en la pared, y en los caballos; y él la atropelló.
>
> 34 Entró luego, y después que comió y bebió, dijo: Id ahora a ver aquella maldita, y sepultadla; que al fin es hija de rey.
>
> 35 Pero cuando fueron para sepultarla, no hallaron de ella más que la calavera, y los pies, y las palmas de las manos.
>
> 36 Y volvieron, y se lo dijeron. Y él dijo: La palabra de Dios es esta, la cual él habló por mano de su siervo Elías tisbita, diciendo: En la heredad de Jezreel comerán los perros las carnes de Jezabel.
>
> 37 Y el cuerpo de Jezabel fue cual estiércol sobre la faz de la tierra en la heredad de Jezreel; de manera que nadie pueda decir: Esta es Jezabel.

Compare esto con la muerte profetizada de Lucifer hallada en Isaías 14:18-19:

> Todos los reyes de los gentiles, todos ellos yacen con honra cada uno en su casa.
>
> Mas tú echado eres de tu sepulcro como tronco abominable; como vestido de muertos pasados a espada, que

> descendieron al fondo de la sepultura; como cuerpo muerto hollado.

No sea que algunos piensen que esta es solo una historia desactualizada del Antiguo Testamento; en el Nuevo Testamento Jesús dice que Jezabel continúa siendo un problema en la iglesia y esto también llevará a un juicio drástico.

> Pero tengo unas pocas cosas contra ti: que permites aquella mujer, Jezabel, (que se dice profetiza) enseñar, y engañar a mis siervos, a fornicar, y a comer cosas ofrecidas a los ídolos. (Apocalipsis 2:20)

Esta mujer Jezabel también representa a un grupo de personas. Ellos son hijos del diablo quien, como la cizaña se mezclan con el pueblo de Dios.

> Y le he dado tiempo para que se arrepienta de la fornicación; y no se ha arrepentido.
>
> He aquí, yo la echo en cama, y a los que adulteran con ella, en gran tribulación, si no se arrepintieren de sus obras;
>
> y mataré a sus hijos con muerte; ... (Apocalipsis 2:21–23)

Es Jezabel y sus hijos que serán echados en gran tribulación por el SEÑOR. Dios no destruye al justo junto con el impío. Allí es donde los verdaderos hijos de Dios resplandecerán (Daniel 12:3; Mateo 13:43).

Nos han dicho muchas mentiras como que la gran tribulación al final de la edad será tan terrible que Dios tendrá que sacar secretamente a su pueblo a los cielos por el arrebatamiento.

Sí, es verdad que Dios ha sacado su pueblo de iglesias donde la falta de oír las palabras del SEÑOR ha creado hambre espiritual. Pero él los ha retenido y los está enviando de regreso porque el tiempo del hambre está terminando. Cuando ellos regresen, la historia llegará a estar invertida, y aquellos que han usurpado el lugar del Espíritu Santo infiltrando al pueblo de Dios, repentinamente estarán en peligro mortal. En este tiempo Dios no solo destruirá a los profetas de Baal, sino también a los adoradores de Baal de entre su pueblo. Esto se refiere no solo a aquellos controlando al pueblo de Dios, sino a todos los que son controlados por alguien que no sea Dios.

Cuando Dios decida hacer esto, ¡sucederá repentinamente en una hora profética!

El diablo no está por consolidar su reino y reinar mientras los santos están arrebatados de la tierra. El diablo ya ha reinado sobre el mundo por seis mil años y no puede hacer nada mejor. Él es incapaz de mantener unido su reino dividido aun cuando el opera como "reina" de Israel. En este tiempo él será derrotado junto con sus hijos y todos sus adoradores. Todos ellos serán destruidos.

Hermanos, los próximos eventos proféticos no conducirán a una iglesia raptada dejando al mundo sin cristianos donde el diablo consolide un gobierno mundial, mientras algunos pobres judíos que fallaron en no repetir la oración del pecador entran en la gran tribulación.

¡No! Hemos vivido a través de siglos de mártires, severas persecuciones, y mucha sangre derramada por "Jezabel" y sus cohortes entre los verdaderos profetas de Dios.

Dios dice que ellos van a responder por toda la sangre de los justos que ellos han derramado, y cuando ponga las cosas al revés, puede tomar solo una hora.

En el libro de Daniel, vemos esto desde otro ángulo. Cuando la gran imagen que representa todos los imperios del hombre es destruida, esto sucede repentinamente cuando una piedra cortada no por manos, golpea la imagen. Entonces la piedra, que es el reino de Dios, crecerá como una gran montaña y cubrirá toda la tierra. (Daniel 2:31–45).

El diablo ha introducido tantas mentiras dentro del pueblo de Dios que ahora él cree en sus propias mentiras. Si Jezabel y los dos reyes hubieran sabido lo que iba acontecer ellos no hubieran sido una presa tan fácil. Ellos nunca imaginaron lo que iba a suceder hasta que fue demasiado tarde. Dios está por hacer algo con una unción que no ha sido vista antes. Cuando él decida que es el tiempo correcto, las cosas se moverán hacia adelante repentinamente.

> *Mas en aquel tiempo se levantará Miguel, el gran príncipe que está por los hijos de tu pueblo; y será tiempo de*

> angustia, cual nunca fue después que hubo gente hasta entonces; más en aquel tiempo tu pueblo escapará, todos los que se hallaren escritos en el libro.
>
> Y muchos de los que duermen en el polvo de la tierra serán despertados, unos para vida eterna, y otros para vergüenza y confusión perpetua.
>
> Y los entendidos resplandecerán como el resplandor del firmamento; y los que enseñan la justicia a la multitud, como las estrellas a perpetua eternidad. (Daniel 12:1–3)

Y entonces en Malaquías leemos:

> Porque he aquí, viene el día ardiente como un horno; y todos los soberbios, y todos los que hacen maldad, serán estopa; y aquel día que vendrá, los abrasará, dijo el SEÑOR de los ejércitos, el cual no les dejará ni raíz ni rama.
>
> Mas a vosotros los que teméis mi Nombre, nacerá el Sol de justicia, y en sus alas traerá salud; y saldréis, y saltareis como becerros de la manada. Y hollaréis a los malos, los cuales serán ceniza bajo las plantas de vuestros pies, en el día que yo hago, dijo el SEÑOR de los ejércitos. (Malaquías 4:1–3)

Y Mateo dice:

> De manera que como es cogida la cizaña, y quemada al fuego, así será en el fin de este siglo. Enviará el Hijo del hombre a sus ángeles, y cogerán de su Reino todos los estorbos, y a los que hacen iniquidad,
>
> y los echarán en el horno de fuego; allí será el lloro y el crujir de dientes. Entonces los justos resplandecerán como el sol en el Reino de su Padre. El que tiene oídos para oír, oiga. (Mateo 13:40–43)

Oremos:

Padre Celestial, Te damos gracias por tu luz y tu sabiduría. Gracias por compartir tu verdad con los que son sencillos y humildes. Que tengamos cuidado de tu palabra para esta hora y escudriñemos nuestros corazones para que podamos creer tu palabra y estar disponibles para actuar cuando sea el tiempo apropiado.

Te lo pedimos esto en el nombre del Señor Jesucristo. Amén.

Capítulo Diecisiete

El culto a Baal es erradicado de Israel

2 Reyes 10

1 Y tenía Acab en Samaria setenta hijos; y escribió letras Jehú, y las envió a Samaria a los príncipes de Jezreel, a los ancianos y a los ayos de Acab, diciendo:

2 Luego llegando estas letras a vosotros, los que tenéis los hijos de vuestro señor, y los que tenéis carros y gente de a caballo, y los que tenéis la munición y las armas de la ciudad,

3 mirad cuál es el mejor y el más recto de los hijos de vuestro señor, y ponedlo en el trono de su padre; y pelead por la casa de vuestro señor.

4 Mas ellos tuvieron gran temor, y dijeron: He aquí dos reyes no pudieron resistirle, ¿cómo le resistiremos nosotros?

Jehú mató a dos reyes y a Jezabel antes que almorzara. Al día siguiente, antes que pasaran muchas horas, todos los hijos de Acab estarían muertos.

5 Y el mayordomo, y el presidente de la ciudad, y los ancianos, y los ayos, enviaron a decir a Jehú: Siervos tuyos somos, y haremos todo lo que nos mandares; no elegiremos por rey a ninguno; mas tú harás lo que bien te pareciere.

6 Él entonces les escribió la segunda vez diciendo: Si sois míos, y queréis escuchar mi voz, tomad las cabezas de los varones hijos de vuestro señor, y venid mañana a estas horas a mí a Jezreel. Y los hijos del rey, setenta varones, estaban con los principales de la ciudad, que los criaban.

Después del asesinato de Nabot, Dios pronunció una sentencia sobre toda la casa de Acab diciendo que sería completamente borrada. Después que Acab se humilló en cilicio, Dios conmutó el juicio y dijo que no tendría lugar durante la vida de Acab, sino en el tiempo de sus hijos. Los hijos de Acab nunca se arrepintieron. Lo más cercano que llegaron fue cuando Joram usó el cilicio debajo de sus vestidos reales durante el sitio de Samaria exactamente antes que intentara matar al profeta Eliseo.

> 7 Y cuando las letras llegaron a ellos, tomaron a los hijos del rey, y degollaron setenta varones, y pusieron sus cabezas en canastillos, y se las enviaron a Jezreel.
>
> 8 Y vino un mensajero que le dio las nuevas, diciendo: Han traído las cabezas de los hijos del rey. Y él dijo: Ponedlas en dos montones a la entrada de la puerta hasta la mañana.
>
> 9 Venida la mañana, salió él, y estando en pie dijo a todo el pueblo: Vosotros sois justos; he aquí yo he conspirado contra mi señor, y le he dado muerte; ¿mas quién ha dado muerte a todos estos?
>
> 10 Sabed ahora que de la palabra del SEÑOR que habló el SEÑOR sobre la casa de Acab, nada caerá en tierra; y que el SEÑOR ha hecho lo que dijo por su siervo Elías.
>
> 11 Mató entonces Jehú a todos los que habían quedado de la casa de Acab en Jezreel, y a todos sus principales, y a todos sus familiares, y a sus sacerdotes, hasta que no le quedó ninguno.

La casa de esquileo de los pastores

> 12 Y se levantó de allí, y vino a Samaria; y llegando él en el camino a una casa de esquileo de pastores,
>
> 13 Jehú halló allí a los hermanos de Ocozías rey de Judá, y les dijo: ¿Quiénes sois vosotros? Y ellos dijeron: Somos hermanos de Ocozías, y hemos venido a saludar a los hijos del rey, y a los hijos de la reina.

> [14] Entonces él dijo: Prendedlos vivos. Y después que los tomaron vivos, los degollaron junto al pozo de la casa de esquileo, cuarenta y dos varones, sin dejar ninguno de ellos.

La casa de esquileo de los pastores era el lugar donde los pastores esquilaban las ovejas. Hoy vemos muchas "casas de esquileo de pastores" donde las ovejas han sido esquiladas sin misericordia por bastante tiempo. El juicio está por caer. Como expliqué antes en este libro, el número cuarenta y dos es símbolo de lo que debe ser corregido en el hombre. Aquí vemos exactamente a cuarenta y dos hermanos del malvado rey Ocozías que aparecen en la casa de esquileo de los pastores precisamente mientras Jehú triunfalmente va en su camino a Samaria.

Jonadab el hijo de Recab

> [15] Partiendo luego de allí se encontró con Jonadab hijo de Recab; y después que lo hubo saludado, le dijo: ¿Es recto tu corazón como el mío es recto con el tuyo? Y Jonadab dijo: Lo es. Pues si lo es dame la mano. Y él le dio su mano y lo hizo subir consigo en el carro.

El clan de los Recabitas siempre vivió en tiendas y no bebían vino. Jonadab, el hijo de Recab crió a sus hijos de esta manera. Generaciones más tarde, ellos todavía no se desviaban de los mandamientos de su padre. El SEÑOR los usó como ejemplo muchos años más tarde durante el tiempo del profeta Jeremías quien preguntaba:

Si los Recabitas fueron capaces de seguir las instrucciones de su padre por tantas generaciones, ¿entonces por qué el pueblo de Dios no seguía las instrucciones del Padre Dios? (Jeremías 35).

Jonadab y el rey Jehú llegaron a ser amigos, y Jonadab acompañó al nuevo rey mientras él llevaba a cabo los juicios de Dios contra la casa de Acab y los adoradores de Baal.

> [16] Y le dijo: Ven conmigo, y verás mi celo por el SEÑOR. Lo pusieron, pues, en su carro.
>
> [17] Y cuando vino a Samaria, mató a todos los que habían quedado de Acab en Samaria, hasta raerlo del todo,

> conforme a la palabra del SEÑOR, que había hablado por Elías.

Cuando Dios envía juicio y las personas son sentenciadas a muerte, siempre se hace sobre la base de por lo menos dos o tres testigos (Deuteronomio 17:6; Mateo 18:16). Jonadab era otro testigo confiable al lado de Jehú mientras caían los juicios sobre la casa de Acab y los adoradores de Baal.

Los adoradores de Baal

> 18 Y juntó Jehú todo el pueblo, y les dijo: Acab sirvió poco a Baal; mas Jehú le servirá mucho.
>
> 19 Llamadme, pues, luego a todos los profetas de Baal, a todos sus siervos, y a todos sus sacerdotes; que no falte ninguno, porque tengo un gran sacrificio para Baal; cualquiera que faltare, no vivirá. Esto hacía Jehú con astucia, para destruir a los que servían a Baal.
>
> 20 Y dijo Jehú: Santificad un día solemne a Baal. Y ellos la convocaron.
>
> 21 Y envió Jehú por todo Israel, y vinieron todos los siervos de Baal, de modo que no faltó ninguno que no viniera. Y entraron en la casa de Baal, y la casa de Baal se llenó de extremo a extremo.
>
> 22 Entonces dijo al que tenía el cargo de las vestiduras: Saca vestiduras para todos los siervos de Baal. Y él les sacó vestimentas.

En el culto a Baal (el Dios de la prosperidad mundana), las vestiduras o cubierta eran un gran negocio. Jehú tenía a todos los adoradores de Baal con sus vestiduras puestas. Esto ayudó más a identificar a todos los adoradores de Baal de modo que ninguno sería muerto por equivocación. Empezando con el rey Joram, el rey Ocozías, Jezabel, siguiendo con los hijos de Acab y los hermanos de Ocozías y luego todos los adoradores de Baal — ninguno de ellos tenía alguna advertencia de que iban a ser muertos. Así será al final de esta era.

> 23 Y entró Jehú con Jonadab hijo de Recab en el templo de Baal, y dijo a los siervos de Baal: Mirad y ved que por dicha no haya aquí ente vosotros alguno de los siervos del SEÑOR, sino solo los siervos de Baal.

Jehú tenía aun los siervos de Baal asegurándose que ninguno de los siervos del SEÑOR estuviera presente. Él quería asegurarse que ninguna persona inocente fuera muerta. Jesús será aún más cuidadoso cuando regrese.

> 24 Y cuando ellos entraron para hacer sacrificios y holocaustos, Jehú puso afuera a ochenta varones, y les dijo: Cualquiera que dejare vivo a alguno de aquellos hombres que yo he puesto en vuestras manos, su vida será por la del otro.

Ochenta hombres — ocho es el número del nuevo comienzo y diez tiene que ver con la ley. Contrario a la creencia popular en gran parte de la iglesia, Dios está por aplicar la ley en el juicio a toda la cizaña (hijos del maligno) que ha sido plantada por el enemigo entre el trigo; él traerá un nuevo comienzo quitando a los malos de entre los justos. Los verdaderos hijos e hijas de Dios que son guiados por el Espíritu de Dios no están bajo la ley (Romanos 8:14; Gálatas 5:18), y es solamente los que son guiados por el Espíritu de Dios que Dios guardará completamente seguros en el tiempo que viene de turbulencia.

Jehú se aseguró que todas las personas que él y sus hombres matarían tuvieran puestas las vestiduras de Baal y tomaran parte en ofrecer sacrificios y ofrendas quemadas a Baal. En el futuro cercano, cuando Dios traiga juicio contra los que están en Israel y la Iglesia que están adorando el dios de la prosperidad de este mundo, en lugar de o junto con el SEÑOR, él también se asegurará que haya por lo menos dos o tres testigos contra cada persona destruida en el juicio.

> 25 Y después que acabaron ellos de hacer el holocausto, Jehú dijo a los de su guardia y a los capitanes: Entrad, y matadlos; que no escape ninguno. Y los hirieron a espada; y los

> dejaron tendidos los de la guardia y los capitanes, y fueron hasta la ciudad de la casa de Baal,

Muchas casas de culto hoy parecen iglesias, pero en realidad son casas de Baal. Ninguna de ellas sobrevivirá al juicio venidero.

> 26 y sacaron las estatuas de la casa de Baal, y las quemaron.
>
> 27 Y quebraron la estatua de Baal, y derribaron la casa de
> Baal, la hicieron necesaria, hasta hoy.

Los juicios de Dios profetizados por Elías en relación a Israel, la casa de Acab, y los adoradores de Baal no aparecieron por un periodo de tiempo largo, y extendido. Desde el momento que el joven profeta ungió a Jehú para la total destrucción de la casa de Acab con sus tentáculos y la destrucción de todos los adoradores de Baal (ni uno solo quedó vivo en Israel), cerca de setenta y dos horas pudieron haber transcurrido.

Si usted lee el resto de 2 Reyes 10, usted ve que Jehú no era perfecto. De hecho, él tuvo algunas serias fallas exactamente como Gedeón y muchos otros usados por Dios en el Antiguo Testamento. Pero si tenemos discernimiento, podemos leer entre líneas de esta historia y recibir visión de los eventos del tiempo del fin que pronto tendrán lugar.

Jonadab quiere decir "el SEÑOR es generoso". Cuando el Señor Jesús regrese, ¿qué pasaría si lo encontráramos como Jonadab se encontró a Jehú? Cuando lo encontremos en el aire, ¿Jesús se detendrá en el carro de fuego rodeado con los jinetes que Elías y Eliseo vieron? ¿Extenderá su mano y nos llevará con él mientras ejecuta el justo juicio sobre la tierra? ¿Qué pasará cuando nos detengamos justo en una cercana casa de esquileo de pastores? ¿Qué sucederá cuando nos detengamos en la casa local de Baal justo en medio del servicio de adoración o de la misa del domingo en la mañana?

Oremos:

Padre Celestial, te pedimos que estas cosas puedan aclararse para nosotros en la medida que nuestros corazones sean limpios delante de ti.

Te lo pedimos en el nombre de nuestro Señor Jesucristo. Amén.

Acerca del Autor

A la edad de cuatro años, mientras su familia estaba viviendo en Minneapolis, Minnesota, Martín Stendal oraba y pedía a Dios que llamara a sus padres, Chad y Pat, para ser misioneros. Dios respondió esa oración y dentro de pocos años toda la familia estaba en un campo misionero en Colombia, Sur América. El llegó a ser un experimentado piloto de la selva y se casó con una hermosa dama Colombiana llamada Marina. Ellos tienen cuatro hijos, Lisa, Alethia, Martín Jr., y Dylan, más seis nietos.

Cuando Martín era de veintisiete años, las guerrillas lo secuestraron por 142 días. La historia de su secuestro es contada en el libro que el escribió titulado *Secuestro y Reconciliación.* Su motivo para este título es porque el se dio cuenta que sus captores estaban más cautivos que él. Había una posibilidad de que fuera liberado, pero la mayoría de sus secuestradores eran gente joven que habían sido sacados de sus familias, les dieron un arma, y les enseñaron a matar. Ellos tenían poca esperanza de sobrevivir.

Para alcanzar a todos los actores del conflicto armado, incluyendo sus primeros captores Martín estableció un ministerio radial para transmitir programas a las peligrosas zonas de Colombia asoladas por la guerra con mensajes de paz y esperanza. También ha escrito más de 50 libros en inglés y español.

En el 2017, recibió el Premio de la Libertad Shahbaz Bhatti (otorgado al Papa Francisco el año anterior) por sus incansables esfuerzos para difundir la paz y la reconciliación en Colombia en el contexto de promover libertad religiosa). Martín viaja mucho como orador invitado en convenciones de todo el mundo. Su forma de hablar es única porque es muy sensible a la voz del Señor y no duda en transmitir el mensaje que se le imparte, sin importar lo incómodo que pueda ser para él o para los demás. La mayoría de los libros que ha publicado fueron transcritos directamente de mensajes de radio que ha predicado en español y se transmitieron a prácticamente todas las áreas del campo devastadas por el conflicto.

Martín es editor de la traducción de la Biblia Jubileo que ha sido publicada en Inglés y español. Se han donado y distribuido más de un millón de copias de la Biblia en las zonas más necesitadas de Colombia y Venezuela.

Títulos por Martín Stendal

Elías y Eliseo — La Cobertura para el Pueblo de Dios
La Verdadera Cobertura para el Pueblo de Dios

Fe y Gracia
Reflexiones sobre la Carta de Pablo a los Romanos

La Promesa de Nuestro Padre
De Pureza, Poder y Unidad en el Espíritu Santo

El plan de Dios para la Batalla Espiritual
Victoria sobre el Pecado, el Mundo y el diablo

El Premio del Soberano Llamamiento de Dios
Un estudio Conciso de Gálatas, Efesios, Filipenses, Colosenses, Tito y Filemón

El Tiempo de la Corrección
Y la Promesa de la Herencia Eterna

Job y el Lugar del Entendimiento
Un Estudio de Filosofía Antigua

Discerniendo el Día del Señor
Convergencia de las Profecías del Fin de los Tiempos, en el Libro de Isaías

Josué y la Tierra Prometida
Entrando en la Plenitud de Nuestra Herencia en Cristo

Conociendo a Dios Padre
Un Comentario Sobre el Evangelio y las Epístolas de Juan

Ser Hallado Fiel
Reconstruyendo el Muro y las Puertas de la Ciudad de Dios

Preparándose para el Fin del Mundo
Escritos del Apóstol Pablo a los Tesalonicenses en Relación a los Tiempos del Fin

La Reina Ester y el Anillo de Poder
Voz Profética para el Final de los Tiempos

El Apocalipsis
Conociendo el Corazón de Jesús en el Inminente Día del Señor y el Plan Sublime de Dios

Rut
Una Historia Profética de Fe, Gracia y Redención

El Libro de Daniel
Y Otras Profecías Relacionadas

El Factor de la Corrección
Zacarías, una Llave para Abrir el Libro del Apocalipsis

El Evangelio de Jesucristo: Cualquiera que Quisiere Venir en pos de Mi ...
Un Estudio en el Libro de Marcos

El Misterio de la Voluntad de Dios
Un Mensaje a la Iglesia Perseguida

La Filosofía del Rey Salomón
La Sabiduría Oculta en Eclesiastés

El Río de Dios
Bendiciones desde el Trono hasta los Fines de la Tierra

Las Siete Trompetas y los Siete Truenos
El Plan Profético de Dios Revelado

El Tabernáculo de David
... Volveré y Restauraré el Tabernáculo de David Caído ...

La Vida Inextinguible
Lo que los Apóstoles nos Enseñan Acerca de la Vida Cristiana Victoriosa

Descubriendo lo que la Religión ha Escondido
El Testimonio de Simón Pedro

El Altar y El Evangelio
Las Condiciones para Entrar en Pacto con Dios

Sabiduría para el Final de los Tiempos
Un Comentario del Libro de Proverbios

Hacia un Alto y Eterno Peso de Gloria
Un Estudio de las Epístolas Paulinas a los Corintios y a Timoteo

La Generación de Cristo
Un Estudio del Evangelio de Mateo

Sabiduría para Perseverar en la Fe
Un Estudio de las Epístolas de Santiago y Judas

Títulos Autobiográficos

Aventuras en Colombia

Secuestro y Reconciliación

Secuestro y Reconciliación 2

Escuche Radio Colombia para Cristo

(antes, Fuereza de Paz Radio)

Hace más de 20 años, un piloto estadounidense fue secuestrado por la guerrilla colombiana. Durante su cautiverio en la selva colombiana surgió la idea de Rescatar a sus Captores. Fuerzadepaz es la respuesta a quienes permiten que Dios sea quien juzgue. Con esta aplicación tendrás acceso a cientos de mensajes grabados, decenas de libros y una señal de radio.

Obtén las Aplicaciones de Radio Colombia Para Cristo para Navegador y Android

https://tustreaming.co/AUDIO/CPC/

Jubilee Radio

Escuche Jubilee Radio para un descanso refrescante.

Obtenga las aplicaciones de Jubilee Radio para navegador y Android

https://tustreaming.co/AUDIO/JUBILEE/

La Montaña — Largometraje

Una película colombiana escrita y dirigida por
Alethia y Lisa Stendal

YouTube

https://youtu.be/elKostRbNOw

Amazon on DVD

https://amazon.com/dp/B00CT4YQ3W

En una montaña de Colombia, las fuerzas paramilitares tienen a los rebeldes marxistas acorralados contra una colina alta, sin comida. En busca de una salida, los guerrilleros le piden a un viejo amigo (un misionero al que habían mantenido como rehén y liberado hace unos 20 años) el número de un sacerdote humanitario, con la esperanza de encontrar a alguien que lleve comida a la montaña. El misionero confunde el nombre de los sacerdotes con el de un jefe paramilitar y, sin darse cuenta, les da a los comandantes guerrilleros el número equivocado.

A través de una divertida confusión, dos enemigos jurados terminan cara a cara en un encuentro emocional que revela el núcleo mismo del conflicto de Colombia y el viaje que cada uno debe emprender para finalmente encontrar la paz en una vida de guerra

Biblia del Jubileo (JBS)

The Jubile Bible Website

SOM International Bookstore

Descárgalo gratis en:

www.sombookstore.com/
or
www.thejubileebible.org/get/

La Biblia del Jubileo

Originales en Hebreo y Griego

al Español por Casiodoro de Reina (1569) y cotejada con la revisión de Cipriano de Valera (1602).

Apoyada en el Nuevo Testamento de Francisco de Enzinas (1543) y en el Nuevo Testamento (1556) con los Salmos (1557) de Juan Pérez de Pineda.

Y cotejada posteriormente con la traducción antigua de William Tyndale al Inglés (Nuevo Testamento de 1534) y con la Versión Autorizada (King James) de 1611.

La Palabra del Dios nuestro permanece para siempre (Isaías 40:8).

Amonestación

Del Traductor de los Sacros Libros al Lector y a toda la Iglesia del Señor:

Cristiano lector:

Intolerable cosa es a Satanás, padre de mentira, y autor de tinieblas, que la verdad de Dios y su luz se manifieste en el mundo; porque sólo por este camino es desecho su engaño; se desvanecen sus tinieblas, y se descubre toda la vanidad sobre la cual su reino es fundada, y de allí está cierta su ruina: y los míseros hombres que tiene ligados en muerte con prisiones de ignorancia, enseñados con la divina luz, se le salen de su prisión a vida eterna, y a libertad de hijos de Dios. De aquí viene, que aunque por la condición de su maldito ingenio aborrezca y persiga todo medio encaminado a la salud de los hombres, con singulares diligencias y fuerza siempre ha resistido, y no cesa, ni cesará de resistir (hasta que Dios lo frene del todo) a los libros de la Sagrada Escritura; porque sabe muy bien por la larga experiencia de sus pérdidas, cuán poderoso instrumento es éste para deshacer sus tinieblas en el mundo, y echarlo de su vieja posesión.

Largo discurso sería necesario hacer para recitar ahora las persecuciones que la Sagrada Escritura ha sufrido en otros tiempos, y los cargos infames que le ha hecho, por los cuales no pocas veces ha alcanzado a casi desarraigarlos del mundo; y lo hubiera alcanzado sin duda, si la luz que en ellos está encerrada, no tuviera su origen y fuente más alto que este sol, y que no consistiera en solo los libros como todas las otras disciplinas humanas; de donde viene que pereciendo los libros en que están guardadas, o por la condición de los tiempos, o por otros casos mundanos, ellas también perezcan; y si alguna restauración tienen después, es en cuanto se hallan algunas reliquias, con que ayudado el ingenio humano las resucita. Mas porque la fuente de esta divina luz es el mismo Dios, y su intento es propagarla en este abismo de tinieblas, de aquí, que aunque muchas veces por cierto consejo suyo permita a Satanás la potestad sobre los sagrados libros, y aunque él los queme todos, y aun también mate a todos los que ya participaron de aquella celestial sabiduría, quedándonos la fuente sana y salva, (como no puede tocar en ella) la misma luz al fin vuelve a ser restaurada con gran victoria, y él queda frustrado y avergonzado de sus diligencias.

Por ser pues este su pertinaz ingenio contra la divina palabra, estamos ciertos que no lo dejará de seguir en ésta obra presente, y que en cuanto ella es más necesaria a la Iglesia del Señor, tanto más él se desvelará en despertar contra ella toda suerte de enemigos, extraños y domésticos; los de lejos y los de cerca. Los de lejos, hace días que están despiertos para impedir toda versión vulgar de la Santa Escritura, a título de que los sagrados misterios no han de ser comunicados al vulgo, y que es ocasión de errores en él, &c. De cerca, no le faltarán otros supuestos, que con títulos algo más sutiles y aparentes se levanten contra ella, aunque por ventura a los unos y a los otros no les falte buena intención, y celo, como muchas veces acontece, que con buenas intenciones pero por falta de mejor enseñanza pensando servir a Dios, sirven al demonio y a sus intentos.

En cuanto a los primeros, no determinamos por ahora tratar la cuestión, si es conveniente o no, que la ley de Dios, y todo el cuerpo de su Palabra, ande de manera que pueda ser entendida por todos, remitiéndonos a otros muchos que antes de nosotros la han tratado copiosa y acertadamente. Bastará por ahora amonestarles con toda caridad y humildad, que si son Cristianos, y tienen verdadero celo de la gloria de Dios y de la salud de los hombres, como quieren que se entienda de ellos, miren lo primero, que de lo uno y de lo otro la Palabra de Dios contenida en los sacros libros es el verdadero y legítimo instrumento, y que por tal razón Dios lo ha comunicado al mundo para ser por él conocido y honrado de todos, y que por esta vía tengan salud; y esto sin excluir de esta universalidad ni doctos ni indoctos, ni esta lengua ni la otra. De donde es necesario que concluyan: Que prohibir la divina Escritura en lengua vulgar no se puede hacer sin singular injuria de Dios, e igual daño a la salud de los hombres, lo cual es pura obra de Satanás y de los que él tiene a su servicio.

Miren lo segundo, que hacen gran vergüenza a la misma Palabra de Dios en decir que los misterios que contiene no se hayan de comunicar al vulgo. Porque las supersticiones e idolatrías todas con que el diablo ha enloquecido al mundo, y extraviándolo del conocimiento y culto de su verdadero Dios, trajeron siempre este pretexto de falsa reverencia. Y tenía razón el inventor de ellas en esto, porque si quería que sus abominaciones permanecieran algo en el mundo, necesario era que el vulgo no las entendiera, sino sólo aquellos a quienes eran provechosas para sustentar sus vientres y gloria. Los misterios de la verdadera Religión son al contrario, pues quieren ser vistos y entendidos de todos, porque son luz y verdad; y porque siendo ordenados para la salud de todos, el primer grado para alcanzarla necesariamente es conocerlos.

Consideren en tercer lugar, que no le hacen menor afrenta en decir que sean ocasión de errores, porque la Luz y la Verdad (si confiesan que la Palabra de Dios lo es) a nadie puede engañar ni entenebrecer. Y si algunas veces lo hace (como no negamos que lo haga y muchas) de alguna otra parte debe venir el mal; no de su ingenio y naturaleza, que es quitar la tiniebla, descubrir el error, y deshacer el engaño. El Profeta Isaías claramente dice que su profecía no es para dar luz a todos, sino para cegar los ojos del Pueblo, agravar sus oídos, y embotar su corazón, para que no vean ni oigan la Palabra de Dios, y se conviertan y reciban sanidad; quien por evitar estos males mandaría entonces al Profeta que se callara, y le cerraría la boca, viendo que hiciera cosa conforme a la voluntad de Dios, y al bien de su Iglesia; mayormente diciendo él mismo otras muchas veces, que su profecía es luz para los ciegos, consuelo para los afligidos, esfuerzo para los cansados, &c. ¿Y qué hablamos de Isaías? El mismo Señor dice, que vino al mundo para juicio, para que los que no ven vean, y los que ven, sean ciegos. Le mandaron luego los padres de la fe de entonces que callara, por evitar el daño de los que de su predicación habían de salir más ciegos. De él dice Simeón, que viene para levantamiento, y también para ruina de muchos. Lo mismo había dicho de él el Profeta Isaías. Por lazo (dice) y por ruina a las dos casas de Israel, y de ellos tropezarán muchos, &c. Lo mismo dice el Apóstol de la predicación del Evangelio, que a unos es olor vital, a otros olor mortal. ¿Sería luego buena prudencia quitarlo del mundo, quitando a los buenos el único medio por donde se han de salvar, por quitar la ocasión de hacerse peores a los que se pierdan, y de suyo están ya señalados para perdición?

Miren lo cuarto: Que el estudio de la divina Palabra es cosa encomendada y mandada por Dios a todos, por tantos y tan claros testimonios del Antiguo y Nuevo Testamento, que sin muy largo discurso no se podrán aquí recitar; de donde queda claro que no puede ser sin impiedad inexcusable, que el mandamiento de Dios, tantas veces repetido, y tan necesario a los hombres, sea dejado y anulado por una tan débil razón; y que sin ningún pretexto, por santo que parezca, puede excusar, que si Dios la dio para todos, no sea una tiranía execrable que a los más la quiten; y falta de juicio es (si pretenden buena intención) que la habilidad para poder gozar de ella, sea saber latín solamente, como si sólo los que lo saben, por el mismo caso sean ya los más prudentes y píos: y los que no lo saben, los más puestos a los peligros, que dicen, que temen. ¿Si es la verdadera sabiduría, quién la necesita más que los más ignorantes? Si es Palabra de Dios, insigne injuria se hace a Dios, a ella, y a los buenos, que por el abuso de los malos, se le quite su libertad de correr por las manos de los que podrían usar bien de ella, y sacar los frutos para los cuales Dios la dio. Perverso juicio es que por evitar el inconveniente de los errores, que dicen, en algunos, priven a todos del medio con que podrían salir de la ignorancia, errores, herejías, idolatría, pecado, y toda corrupción, e iniquidad en que nacimos, y fuimos criados, y de que nuestra corrupta naturaleza se abreva (como dice Job) como peces del agua.

Si es Luz, a la luz resiste todo hombre que le impide salir en público para lumbre y alegría de todos; y tinieblas se debe llamar y mentira, porque a la luz y a la verdad no resiste ni pone impedimento, sino la tiniebla y mentira. Si es candela, a cuya lumbre el hombre ciego y habitante en esta caverna tenebrosa encamine seguramente sus pasos, visto es pretender de tener los hombres en su ceguera, el que no quiere que les sea comunicada con aquella abundancia con que ella se da. Si es escudo a todos los que en ella ponen su esperanza, espada con que el Apóstol arma al Cristiano para defenderse y ofender a sus enemigos en toda suerte de tentación, desarmado y por consiguiente vencido y muerto de mano del diablo lo quiere, quien se la quita que no la tenga tan copiosa y tan a la mano, cuanto son muchas y continuas sus tentaciones. Si es útil para enseñar en la ignorancia, para redargüir en el error, para reprender en el pecado, para enseñar a la justicia, para perfeccionar al Cristiano, y hacerlo hábil y pronto a toda buena obra, fuera de toda buena enseñanza, y de toda buena y Cristiana disciplina lo quiere, el error, el pecado, y la confusión en lo sacro y en lo profano ama y desea, el que en todo o en parte sepulta las divinas Escrituras; y sepultándolas en parte da a entender bien claro lo que haría del todo si pudiera, o esperara salir con ello.

Estas razones son claras, y se dejan entender de todos, no obstante todos los hermosos pretextos que se podrán traer en contra, que no son muchos; y el más dorado es el que hemos dicho, tan frío que ni aun con humana razón es digno de que se contienda mucho contra él, porque está claro que ningún hombre de sano juicio habrá, que de veras diga: Que un gran bien, y mayormente tan necesario a todos, dado de Dios para común uso de todos, se deba prohibir en todo ni en parte por el abuso que los malos ingenios pueden tener de él. Por monstruo de desvarío, enemigo del linaje humano, sería tenido justamente el rey o príncipe, que porque hay muchos que usan mal del pan, del agua, del vino, del fuego, de la luz, y de las otras cosas necesarias a la vida humana, o las prohíbe del todo, o hiciese tal estanco de ellas que no se dieran si no muy caras, y con gran escasez. La Palabra de Dios tiene todos estos títulos, porque también tiene los mismos efectos para el alma, miren pues los príncipes del mundo, en qué opinión quieren ser tenidos haciéndola pasar por tan inicua condición.

Finalmente como quiera que sea, es necesario que se resuelvan: Que ni las disputas inoportunas, ni las defensas violentas, ni los pretextos cautelosos, ni el fuego, ni las armas, ni toda la potencia del mundo junta podrá ya resistir, que la Palabra de Dios no corra por todo tan libremente como el sol por el cielo, como ya lo vamos todos probando por experiencia; y sería prudencia no poca aprender de lo experimentado para lo porvenir, y tomar otros consejos. Ni nos dejemos engañar más con los pretextos dichos, porque no se encubre mucho lo que el diablo pretende con ellos, aunque los que los han puesto tengan cuanta buena intención quisieron, por lo menos esto es necesario que esté fuera de disputa, que habiendo dado Dios su Palabra a los hombres, y queriendo que sea entendida y puesta en efecto por todos, ningún buen fin puede pretender el que la prohibiere en cualquier lengua que sea.(Salmo 36:9)

Casiodoro de Reina — 1569

De la edición original de Casiodoro de Reina, solamente tenemos conocimiento de seis copias que sobrevivieron a la hoguera de la Inquisición. Muchas Biblias fueron quemadas junto con sus dueños. Mataron a William Tyndale por traducir, publicar y difundir la Palabra de Dios. Pero cuando el diablo supo que no podía parar subsiguientes ediciones de las Sagradas Escrituras, se vió obligado a cambiar de táctica. Valiéndose de las buenas intenciones de muchos para actualizar, modernizar, y simplificar la Biblia el enemigo logró sembrar su cizaña, ocultando parcialmente la luz y la verdad de la Palabra de Dios, y poco a poco quitando el filo de la espada del Cristiano. Es nuestra intención presentarles la Palabra de Dios en ortografía y gramática actualizadas, pero con toda la fuerza y unción que fue derramada en el siglo dieciséis sobre hombres como Francisco de Enzinas, Juan Pérez de Pineda, Casiodoro de Reina, Cipriano de Valera y William Tyndale; hombres escogidos por Dios para ser traductores de la Biblia.

— Martín Stendal, editor de traducción

Nota del Editor

Hemos hecho un esfuerzo para preservar el énfasis del original referente a mayúsculas, palabras en bastardilla y/o en [llaves]. Se emplea la bastardilla cuando, a criterio del traductor, la palabra es necesaria en cuanto al buen español, pero no figura en el manuscrito del idioma original. Las palabras en llaves son aclaraciones hechas por el traductor para evitar que se malentienda la frase. La puntuación y la ortografía tienen el propósito principal de preservar el sentido y el conjunto demostrado en los manuscritos originales, y no necesariamente según las normas del español moderno.

El Nombre de Dios aparece en los manuscritos hebreos de las Sagradas Escrituras con cuatro consonantes (sin vocales) **YHWH** o (**JHVH**) y se traduce de manera literal al español como **YO SOY** (según Exodo 3:14). Así mismo figura en el idioma griego en algunas citas del Nuevo Testamento (vean Mateo 14:27, Marcos 14:62, Lucas 22:70, Juan 4:26; 6:35,41; 8:18,24,28,58; 11:25; 18:5-8; Apocalipsis 1:8,11,17; 2:23; 21:6; 22:13,16). Los antiguos consideraban que el Nombre de Dios era demasiado sagrado para pronunciar, y entonces leían "**Adonai**" o **Señor** cada vez que encontraban las cuatro consonantes del tetragramaton. Tradición seguida por nuestro Señor Jesús y por los apóstoles más de trescientas veces en el Nuevo Testamento cuando citaban las Escrituras del Antiguo Testamento. En esta obra hemos continuado en la tradición de nuestro Señor en cuanto al Nombre de Dios (**YHWH**) en los *Salmos* y en los *Proverbios*.

Glosario

Arrepentimiento — Es esencial para la salvación (Hechos 17:30); implica dar la media vuelta para cambiar de rumbo hacia la enmienda, con el fin de hacer solamente la voluntad de Dios, y se manifiesta con los "frutos del arrepentimiento" (restitución). (Lucas 3:3-18; Hechos 17:30).

Belial — Satanás. El Maligno.

Buen Fruto — Por sus frutos los conoceréis—el fruto del Espíritu Santo se manifestará en la vida de todo cristiano auténtico. (Efesios 5:9).

Buenas Obras — Son iniciadas por el Espíritu Santo, según la voluntad de Dios y se hacen a la manera de Dios y con el poder de Dios. (Santiago 2:20).

Caridad — Hay que distinguir el Amor Divino (la palabra ágape traducida por el traductor original como "Caridad") del amor humano para entender y vivir en el amor ágape que redime, (el amor vertical). Viene solamente cuando la vida de Dios se manifiesta en el ser humano; el hombre no lo tiene en sí mismo, ni lo puede obtener por su propia cuenta. Nace del sacrificio y no de las emociones humanas. La caridad es esencial para que nuestro amor humano, (horizontal fileos) sea saludable. Vean como se aman los unos a los otros, listos a dar la vida por los hermanos, sentir compasión por unos hermanos en dificultades tal como si fueran las propias. (1 Corintios cap. 13).

Carnalidad — Si vives según la carne morirás. (Romanos 8:13).

Concupiscencia — Apetito, o deseo de los bienes terrenos. Apetito desordenado por los deseos de la carne. (Santiago 1:15).

Creer o tener Fe — Es más que un reconocimiento mental de hechos históricos. La verdadera fe obra obediencia a Dios (Gálatas 3:2-11) y es dependencia total en él para que su gracia obre en nosotros. Se requiere arrepentimiento y fe (obediencia) para recibir el don del Espíritu Santo. (Hechos 2:38).

Cristo — El Ungido y el que Unge; el que tiene toda Potestad. (Mateo 28:18). Es esencial que Jesús, el Cristo, sea nuestro único amo y Señor para que nos unja con el Espíritu Santo y con fuego. (Joel 2:32).

Cristianos — Los que viven en la unción de Jesús, el Cristo bajo la potestad de Dios.

Elección — La palabra en griego significa selección. Muchos son llamados, pero pocos son escogidos. Sienten su llamado y elección seguros por una serie de pasos dirigidos por Dios. (2 Pedro 1:1-11).

Espíritu Santo — El Consolador (Juan 14:16-18). Hay que "nacer de nuevo" por el Espíritu de Dios. La gracia de Dios puede obrar en nosotros mediante el arrepentimiento (de nuestras propias obras muertas) y la fe (dependencia total en Jesús, el Cristo, para obrar en nosotros). El auténtico Espíritu Santo obra santidad en nosotros para que podamos conocer plenamente a Dios.

Evangelio — Las buenas nuevas: que podemos someternos a un nuevo Rey y no tenemos que servir a la carne, al mundo, o a Satanás ni un momento más. (Marcos 1:1; 1:14,15; 13:10; 16:15).

gentiles — Gente; paganos, inconversos; incircuncisos de carne y/o de corazón. (Jeremías 9:26). El Hombre natural.

Gracia — La potencia de Dios - Dios hará por usted lo que usted reconoce que no puede hacer por sí mismo para hallar arrepentimiento, liberación, y todos los recursos necesarios para vivir plenamente en santidad, comunicado con Dios. (Romanos 7:25-8:39).

Justicia (rectitud) — La justicia actual, que sigue siendo la justicia de Cristo que obra en la vida diaria del creyente por la fe, mediante los recursos del Espíritu Santo. (Isaías 54:14-17; 1 Juan 2:29).

Madero — Poste o estaca sobre la cual fue colgado Jesús.

Perfección — Madurez: que no falta nada. La meta principal de la vida cristiana. (Hebreos 6:1).

Potencia — Virtud para hacer una cosa, para producir un efecto. Es el poder bajo control dirigido a un fin específico. Para que los dones del poder de Dios nos sean de provecho eterno, deben ser sometidos a la potestad de Jesús, para que seamos dirigidos por su Santo Espíritu, y no por las concupiscencias de nuestra carne. (Isaías 9:7; 1 Corintios 14:40).

Salud — Salvación del poder del pecado para seguir la voluntad de Dios; que da como resultado la vida en Cristo ahora para bienestar de nuestro cuerpo, alma y espíritu; más vida eterna como poscsión definitiva en el juicio final. (Hebreos 2:3; Romanos 10:10).

Seol o **Hades** — El imperio de la muerte bajo la potestad de Satanás que mantuvo presos aún a los justos hasta la obra redentora de Jesús y que en la actualidad retiene solamente a los injustos en espera del juicio final. Es diferente al lago del fuego o "Gehena" (el Infierno) del juicio final que es la segunda muerte. (Lucas 16:20-31; Efesios 4:8; Apocalipsis 20:14).

Vida Eterna — Jesús, el Cristo, es la vida eterna, si lo tenemos a él, tenemos la vida. (1 Juan 5:10-13).

Vivir Guiados por el Espíritu — Los que son guiados por el Espíritu de Dios son los hijos de Dios. (Romanos 8:14).

Estudie las Biblias del Jubileo en línea en BibleGateway.com y Bible.com

BibleGateway tiene una interfaz especialmente buena para el estudio y la búsqueda en profundidad de *Biblia del Jubileo* (JBS) o la *Jubilee Bible* (JUB), y ofrece acceso gratuito en línea y sus aplicaciones móviles Bible Gateway: https://biblegateway.com/app/

Lea la *Biblia del Jubileo* (JBS) o la *Jubilee Bible* (JUB) gratis en YouVersion, o descárguelas y léalas gratis usando sus aplicaciones bíblicas YouVersion: https://youversion.com/the-bible-app/

Made in the USA
Monee, IL
11 September 2026

62770621R00135